영 어
국제회의
통역노트

영 어
국제회의
통역노트

INTERNATIONAL CONFERENCE HANDBOOK

김고은·허지운 지음

이화여자대학교출판문화원

머리말

국제회의 통역사로 20년 넘게 통역을 하는 동안 가장 많이 들어본 말 중 하나가 '바야흐로 글로벌 시대'이다. 글로벌 시대에 발맞춰 수많은 국제회의들이 국내외에서 개최되었고 이러한 회의에 참여하는 기회도 그만큼 많이 늘었다. 같은 기간 동안 영어 교육 또한 발전을 거듭했으나 아직도 국제회의 진행은 쉽지 않게 여겨진다. 전문 교육과 훈련을 받은 국제회의 통역사도 언어 실력이나 통역 실력이 부족해서가 아니라 회의의 유형이나 진행 방식에 대한 경험 부족으로 인해 통역을 하는 데 어려움을 겪기도 한다. 이 책은 국제회의 형식과 진행 방식에 대해 전체적으로 살펴봄으로써 국제회의에 대한 이해를 돕고, 각각의 상황에서 사용되는 표현들을 한국어와 영어로 제시해 회의 통역 시 참고할 수 있도록 집필되었다.

이 책은 영어 제목에서도 알 수 있듯이 핸드북이다. 핸드북은 무엇보다 실용적이어야 한다는 생각으로 이 책을 집필했다. 따라서 특정 분야의 전문성을 요하지 않으면서 여러 유형의 국제회의의 기본적인 진행 방식에 대해 참고하고 국제회의에서 주로 사용되는 영어 표현 및 문장들을 쉽게 찾아볼 수 있도록 구성했다.

모두 2부로 이루어진 이 책의 구성을 자세히 살펴보면 먼저 1부에서는 국제회의에서 자주 사용되는 표현들을 진행 순서에 따라 30가지 주제로 정리했다. 각 단원은 기본표현과 응용표현 1, 2로 구성되어 인사말, 참석자 소개, 일정 안내 등 회의 진행과 관련된 다양한 표현들을 단계별로 익힐 수 있도록 했다. 직역으로 인한 문제점들을 피하기 위해 영어로 자연스러우면서 가장 많이 사용되는 표현들을 선택하는 데 특히 주의를 기울였다. 또한 문장을 만들다가 막히는 경우 참고할 수 있도록 제시된 상황에 가장 적절한 단어와 문장들을 '단어 및 표현'에서 정리했으며, 특별히 설명이 필요한 표현 및 국제회의 관련 내용은 'Tips'에서 소개해 독자들의 이해를 돕고자 했다.

이러한 방식으로 회의의 시작부터 종료까지 진행 순서에 따라 다룬 후 2부에서는 총회, 콘퍼런스, 학술대회 등 주요 국제회의 진행 사례들을 통해 앞서 익혔던 각각의 상황별 표현들이 큰 맥락상 어떻게 연결되어 활용되는지 파악할 수 있도록 했다. 국제회의 통역을 준비하는 이들뿐만 아니라 국제회의를 주최하고자 하는 담당자들이 프로그램을 기획할 때 참고하고 회의 진행을 위해 시나리오를 작성하는 과정에서도 유용하게 활용할 수 있도록 구성했다.

『일본어 국제회의 통역노트』를 집필하신 박혜경 교수님의 제안으로 여러 해 전부터 계획된 영어판 국제회의 통역노트를 혼자 준비하다가 실력 있는 후배 통역사이자 동료인 허지운 교수와 공동으로 집필하게 되면서 그 내용이 더 풍부해졌다. 20년이 넘는 통역 인생의 가장 큰 기쁨이 탁월한 실력의 후배들을 만나 존경하는 동료로 발전하는 것을 목격하는 일이다. 인터넷에서 거의 모든 정보를 얻을 수 있는 현 시점에서도 이런 책이 필요할까 생각되어 추진력이 떨어질 시기에 새로운 활력을 불어넣어 준 허지운 교수에게 감사를 표한다. 또한 이화여자대학교 통역번역대학원 재학 시 연구조교로 이 책의 자료를 정리하는 데 도움을 준 임지수, 김대근에게도 감사의 마음을 전한다.

아무쪼록 이 책이 국제회의 통역사 및 기업의 통역 실무자들에게 원활한 영어 회의 진행을 위한 안내서의 역할을 하게 되기를 바란다. 또한 국제회의 통역사의 꿈을 품고 회의 통역을 전공하는 학생들에게 향후 통역 현장에서 맞이할 상황에 대비해 능력을 강화하고 실질적인 사례들을 통해서 현장감을 키워 나가는 데 도움이 되는 교재가 되기를 기대해본다.

2016년 3월

김고은

차례

2부 진행 사례

1부
진행 시나리오

1

안내 말씀 드리겠습니다

Attention, please

기본 표현

1 안내 말씀 드리겠습니다.

May I have your attention, please.

2 다시 한번 안내 말씀 드리겠습니다.

Once again, may I have your attention please.

3 잠시 후 회의가 시작될 예정입니다.

We are about to begin the conference.

응용 표현 1

1 안내 말씀 드리겠습니다. 잠시 후 개회식을 시작하겠습니다.

Attention, please. In a short while, we will begin the opening ceremony.

2 귀빈 여러분께 안내 말씀을 드리겠습니다. 잠시 후 회의가 시작될 예정입니다.

Distinguished guests, ladies and gentlemen, may I have your attention please. In a short while, we will begin the conference.

3 회의가 잠시 후 9시 정각에 시작됩니다.

The conference will begin shortly at 9 a.m.

4 일정이 지연되고 있어 회의를 9시 10분에 시작하겠습니다.

There has been a delay. The conference will begin at 9:10.

응용 표현 2

1 내외 귀빈 여러분께 잠시 안내 말씀을 드리겠습니다. 곧 회의를 시작할 예정이니 참석자 여러분께서는 모두 입장하여 자리에 착석해주시기 바랍니다.

May I have your attention please. We will begin our meeting shortly. Could we ask all guests to enter the hall and be seated?

2 일정이 지연되고 있습니다. 잠시만 기다려주시기 바랍니다.

There has been a delay. We ask for your kind patience.

3 악천후로 인해 늦으시는 분들이 많은 것 같습니다. 잠시만 기다려주시기 바랍니다.

The inclement weather seems to have caused many delays. We ask for your kind patience.

4 회의 시작 시간이 9시입니다만, 아직 도착하지 않은 분들이 계셔서 10분 후인 9시 10분에 시작하도록 하겠습니다.

The conference was scheduled to begin at 9. But as some participants are still on their way, we will begin 10 minutes later at 9:10.

5 아침 교통체증으로 인해 늦으시는 분들이 많은 것 같습니다. 잠시만 더 기다려주시기 바랍니다.

It seems that many participants are caught in rush hour traffic. We appreciate your patience and understanding.

TIPS

보통 회의 시작 전 착석을 권유하거나 시작 시간을 알리기 위해 사회자가 '안내 말씀드리겠습니다'라는 말로 안내를 시작한다. 이때 안내를 하기 위해 청중의 주목을 요한다는 발화의 기능과 의미를 살려 'May I have your attention, please' 라고 하는 것이 의례적이다.

'ladies and gentlemen'의 경우, 이를 한국어로 그대로 번역해 '신사 숙녀 여러분' 이라고 하면 어색하다. 국제회의에서는 의례적인 표현으로 '내빈', '귀빈', '내외 귀빈 여러분' 등의 표현을 사용한다.

단어 및 표현

개회식	opening ceremony
일정이 지연되다	There has been a delay.
잠시만 기다려주십시오	We ask for your kind patience. We appreciate your patience.
악천후	inclement weather, bad weather

2

착석해주십시오

Please be seated

기본 표현

1 착석해주시기 바랍니다.

Please, take your seats.

2 모두 자리에 착석해주시기 바랍니다.

We cordially ask all guests to be seated.

3 자리에서 잠시만 기다려주시기 바랍니다.

We cordially ask all guests in the hall to remain seated.

응용 표현 1

1 참석자 여러분께서는 착석해주시기 바랍니다.

We kindly ask all participants to be seated.

2 내빈 여러분께서는 모두 입장하셔서 착석해주시기 바랍니다.

We cordially ask all guests to enter the hall and be seated.

3 로비에 계신 모든 참석자 여러분께서는 다시 자리에 착석해주시기 바랍니다.

We kindly ask all participants in the lobby to return to your seats.

4 로비에 계신 분들은 9시 30분까지 입장을 완료해주시기 바랍니다. 감사합니다.

May I ask all the remaining guests in the lobby to enter the hall by 9:30. Thank you.

응용 표현 2

1 회의를 곧 시작하겠습니다. 참석자분들께서는 모두 착석해주시기 바랍니다.

If everyone could please take your seats, we are about to begin.

2 대단히 죄송합니다만 회의장 앞쪽 자리부터 채워서 앉아주시기 바랍니다.

Could everyone be so kind as to start sitting towards the front of the hall?

3 나중에 오시는 분들을 위해 앞쪽의 빈 좌석부터 앉아주시기 바랍니다. 협조에 감사드립니다.

Could those present please take the empty seats at the front of the hall to make room for those arriving later? Thank you for your cooperation.

4 참석자 여러분께서는 회의장 안으로 들어와 착석해주시기 바랍니다. 뒤에 계신 분들은 앞쪽에 자리가 있습니다.

All the guests are invited to come inside the hall and take your seats. And for those of you who are standing in the back, there are a few seats available in the front row.

5 입장을 완료하신 분들께서는 행사가 시작되기 전까지 자리에서 잠시만 기다려주시기 바랍니다. 감사합니다.

We cordially ask all guests in the hall to remain seated until the beginning of the ceremony. Thank you very much for your patience.

TIPS

요청하는 표현 중 '착석해주십시오'와 '잠시 기다려주십시오'를 문자 그대로 영어로 옮기면 국제회의와 같은 공식 석상에서는 어색하거나 격식을 충분히 살리지 못하는 표현이 될 수 있다. 아래 표에 나오는 예를 참고해 격식을 갖춘 정중한 표현을 사용하도록 하자.

	격식을 갖춘 표현	직역
착석해주십시오	Please be seated. We cordially ask all guests to be seated. If you would please take your seats, ... I would appreciate it if you could take your seats.	Please sit down.
잠시 기다려주십시오	Thank you very much for your patience. We ask for your kind patience. Please remain seated. (청중이 착석한 상태에서 기다려줄 것을 요청하는 경우).	Please wait. Could you wait for a second? Please wait for a while.

단어 및 표현

착석하다	be seated, take one's seat
~해주십시오	we cordially ask ... to ~, we kindly ask ... to ~, May I ask ... to ~
(행사장에) 입장하다	enter (the hall)
앞쪽 자리	seats at the front, seats available at the front (rows)
빈 좌석	empty/available seats

3

동시통역으로 진행합니다

We provide simultaneous interpretation

기본 표현

1 동시통역이 제공됩니다.

Simultaneous interpretation is provided.

2 통역 수신기를 이용해주십시오.

Please use the interpretation receiver.

3 한국어는 1번, 영어는 2번 채널입니다.

Channel 1 is for Korean, channel 2 for English.

응용 표현 1

1 본 회의는 동시통역이 제공됩니다.

Simultaneous interpretation is provided during this conference.

2 본 총회는 공식 언어인 영어로 진행됩니다.

The conference will be held in the official language, which is English.

3 여러분 자리에 동시통역 수신기를 준비해두었습니다.

Interpretation receivers have been provided at each seat.

4 나가실 때 사용하신 통역 수신기는 의자 위에 올려놓으시기 바랍니다.

Please place your interpretation receiver on your seat as you leave.

응용 표현 2

1 본 회의는 동시통역이 제공되니 통역이 필요하신 분은 자리에 있는 통역 리시버를 이용해주시기 바랍니다.

For your convenience, simultaneous interpretation is provided. Please use the interpretation receiver that is placed at each seat.

2 본 세미나는 동시통역으로 진행합니다. 수신기 채널을 한국어는 1번, 영어는 2번, 일본어는 3번, 독일어는 4번 채널로 맞춰주시기 바랍니다.

This seminar provides an interpretation service. Please tune the receiver to channel 1 for Korean, 2 for English, 3 for Japanese, and 4 for German.

3 한국어는 1번, 영어는 2번, 불어는 3번 채널에서 들으실 수 있습니다. 볼륨은 수신기 측면의 다이얼로 조절해주십시오.

Please note that channel 1 is for Korean, channel 2 is for English and channel 3 is for French. You can control the volume using the dial on the side of the receiver.

4 회의장을 나가실 때 사용하셨던 통역 리시버를 로비의 등록데스크에 반납해주시면 감사하겠습니다.

Please return your interpretation receivers at the registration desk in the lobby as you leave.

단어 및 표현

통역 수신기	interpretation receiver
공식 언어	official language
(수신기를) X번 채널에 맞추다	tune (the receiver) to channel no. X, tune into channel no. X
볼륨을 조절하다	control the volume
반납하다	return

TIPS

흔히 통역은 한 언어에서 다른 언어로 옮기는 작업으로 단순하게 생각할 수 있지만 기준에 따라 그 유형이 다양하게 세분화되는 전문 영역에 해당한다. 기본적으로 통역의 방식에 따라 순차통역(consecutive interpretation), 동시통역(simultaneous interpretation), 문장구역(sight translation), 위스퍼링(whispering)으로 구분할 수 있다.

순차통역은 가장 보편적으로 알려져 있는 통역 유형으로 그야말로 연사와 통역사가 순차적으로 발화를 하는 방식이다. 연사가 발화를 하면 그동안 통역사는 들으면서 노트테이킹을 하고, 연사가 발화를 끝내면 통역사는 자신이 들은 내용을 바로 통역한다. 비즈니스 미팅, 기자간담회, 콘퍼런스 등에서 가장 흔하게 볼 수 있는 통역 유형이다.

동시통역은 말 그대로 연사가 말하는 동시에 통역을 하는 방식을 의미한다. 동시통역을 하기 위해서는 부스(booth), 헤드셋, 인터프리터 데스크(interpreter desk), 마이크, 청중이 사용하는 리시버 등 통역 장비를 갖추어야 하며 2인 1조 또는 3인 1조로 팀을 이루어 통역한다.

문장구역은 통역해야 할 텍스트를 눈으로 읽으면서 구두로 통역하는 유형을 가리킨다. 연사가 준비한 원고를 그대로 읽는 상황에서 흔히 사용되는 통역 방식이다. 통번역 교육기관에서는 통역 연습의 효과를 높이기 위해 문장구역을 활용하기도 한다.

위스퍼링은 청자 가까이에 자리를 잡고 말 그대로 속삭이듯이 작은 목소리로 통역해주는 방식을 가리킨다.

4

휴대전화는 꺼주시기 바랍니다

Turn your mobile phones off

기본 표현

1 핸드폰의 전원을 꺼주시기 바랍니다.

Please turn your mobile phones off.

2 핸드폰을 무음으로 해주시기 바랍니다.

Please turn your mobile phones to silent mode.

3 동영상 촬영이 금지되어 있습니다.

The use of any recording devices is not permitted.

응용 표현 1

1 행사가 진행되는 동안 휴대하고 계신 이동전화는 무음으로 해주십시오.

Please set your mobile phones to silent mode during the ceremony.

2 휴대전화는 전원을 끄거나 진동 모드로 전환해주시기 바랍니다.

Please turn your mobile phones off or into the vibrate mode.

3 콘퍼런스 중에는 사진 및 동영상 촬영이 금지되어 있습니다. 참가자 여러분의 양해를 부탁드립니다.

No recording devices are allowed to be used during the conference. Thank you for your understanding.

응용 표현 2

1 행사가 진행되는 동안 휴대하고 계신 핸드폰이나 모바일 기기의 사용을 삼가주시기 바랍니다.

We ask that you refrain from using your mobile phones or devices during the event.

2 아울러 원활한 진행을 위해 행사가 진행되는 동안 소지하고 계신 핸드폰의 전원을 꺼주시고 사진 및 동영상 촬영은 삼가주시기 바랍니다.

To minimize disruptions, we ask you to kindly turn off your mobile phones and not use any recording devices during the session.

3 행사의 원활한 진행을 위해 소지하고 계신 핸드폰의 전원을 꺼주시기 바랍니다. 또한 세션 중에는 사진 및 동영상 촬영이 금지되어 있으니 참가자 여러분의 협조를 부탁드립니다.

To help the ceremony proceed more smoothly, we ask you to kindly turn off your mobile phones. And no recording devices are allowed to be used during the session. Thank you for your cooperation.

4 관계자 외에 비디오 촬영은 금지되어 있습니다. 양해해주시기 바랍니다.

No video recording except by those authorized will be permitted. Thank you for your understanding.

회의 시작 전 안내하는 내용 중 빠지지 않는 것이 휴대전화와 관련된 것이다. 회의에 방해가 되지 않도록 진동이나 무음 모드로 설정해달라는 안내가 주를 이루는데, 이때 진동 모드와 무음 모드의 영어 대응 표현을 알아두면 유용하다. 진동 모드는 'vibrate mode', 무음 모드는 'silent mode'라고 하면 된다. 진동 모드를 표현할 때 '진동'의 명사 대응어라고 해서 'vibration'을 사용하거나 수식을 한다고 'vibrating'을 사용하기보다는 'vibrate mode'라고 하는 것이 자연스럽다.

단어 및 표현

(전원 등을) 끄다	turn off
무음 모드	silent mode
진동 모드	vibrate mode
동영상 촬영	use of recording devices, video recording
양해	understanding
(~의) 원활한 진행을 위해	to minimize disruptions, to help ~ proceed more smoothly
협조	cooperation

5

안내데스크를 찾으시기 바랍니다

Please visit the information desk

기본 표현

1 문의 사항이 있으시면 안내데스크를 찾으시기 바랍니다.

If you have any inquiries, please visit the information desk.

2 도움이 필요하신 분은 안내원들을 찾으시기 바랍니다.

If there's anything you need help with, please look for our staff members.

3 회의 자료집은 등록데스크에서 배부합니다.

Information packets are provided at the registration table.

응용 표현 1

1 문의 사항이 있으신 분은 손을 들어주시기 바랍니다.

If you have any inquiries, please raise your hand.

2 등록데스크에 가시면 보고자료 및 참고자료가 있습니다.

We have press kits and materials available at the registration desk.

3 아직 등록을 안 한 분이 계시면 등록을 하고 자료집을 받으시길 바랍니다.

If you have not signed in yet, please do so, and receive the information packet.

응용 표현 2

1 행사가 진행되는 동안 문의 사항이 있으신 분은 로비에 있는 안내데스크를 찾으시길 바랍니다.

If you have any inquiries throughout the day, please visit the information desk in the lobby.

2 본 콘퍼런스는 전용 모바일 앱을 제공하고 있습니다. 앱에는 콘퍼런스에 필요한 정보를 모두 담았습니다.

A mobile application is provided for this conference. You can find useful information regarding the conference in the mobile application.

3 스마트폰에 전용 앱을 다운받으시기 바랍니다. 앱은 한국어와 영어로 제공됩니다.

We suggest that you download the mobile application for your smartphone. The mobile application is provided in Korean and English.

4 특별히 올해는 앱에 연사들에게 질문하기 기능이 추가되었습니다. 본 세션에서 질문이 채택되신 분들에게는 소정의 선물이 마련되어 있습니다. 6시 이후 등록데스크에서 받아가시기 바랍니다. 스크린에 보이는 등록번호를 확인해주십시오.

Specially for this year, the application has been upgraded to include a feature where you can ask questions to the speakers. There is a gift to be handed out at the registration desk after 6 p.m. for those whose questions have been selected for our sessions. Please check for your registration number on the screen.

5 세션이 종료되면 주최 측에서 마련한 기념품을 로비에 있는 등록데스크에서 배부해드릴 예정입니다.

After the session, a gift will be handed out to all participants at the registration desk in the lobby.

6 비상출구는 회의장 후방에 있습니다. 비상시 직원들의 지시에 따라주시기 바랍니다.

Emergency exits are located to the back of the hall. Please follow the staff's instruction in case of an emergency.

7 계신 자리에서 가까운 비상출구의 위치를 확인해주시기 바랍니다. 비상시 출구로 질서정연하게 이동해주시기 바랍니다.

Please check the location of the emergency exit nearest to you. In case of emergency, please proceed calmly to the exits.

TIPS

회의장에서 배포하는 자료는 내용과 구성에 따라 다양한 유형으로 분류된다. 대표적인 몇 가지를 꼽자면 프레스 키트(press kit), 프로시딩(proceedings), 자료집(information packet) 등이 있다.

기자회견이나 기자간담회에서는 참석한 기자들에게 기사 작성에 필요한 정보를 제공하기 위해 회사 소개, 간담회 개요, 최근 출시 제품에 대한 개괄적 홍보자료 및 브로슈어 등이 담긴 프레스 키트를 제작해 배포한다. 일반적인 발표 중심의 콘퍼런스에서는 연사들의 파워포인트 발표자료를 취합해 책자로 만든 자료집을 배포한다. 학술대회의 경우도 발표자들의 발표자료를 모아서 만든 책자를 배포하는데 이를 프로시딩이라고 한다. 프로시딩에는 발표 초록(abstract)만을 취합하거나 3-4장 분량으로 기술한 짧은 발표문 및 파워포인트 자료를 포함시키기도 한다.

단어 및 표현

안내데스크	information desk
등록데스크	registration desk
등록하다	sign in, register
문의 사항, 질문	inquiry, question
배부하다	hand out, distribute
비상출구	emergency exit

6

회의를 시작하겠습니다

We will commence our meeting

기본 표현

1 회의를 시작하겠습니다.

We will get started.

2 바로 회의를 시작하도록 하겠습니다.

We will start our meeting promptly.

3 바로 진행하도록 하겠습니다.

We will proceed immediately.

응용 표현 1

1 예정된 시간이 되었으므로 회의를 시작하겠습니다.

As it is now the appointed time, we will commence our meeting.

2 여러분께서도 많이 기다리셨으니 바로 진행하겠습니다.

Since everyone has been waiting for some time now, we will get started.

3 이미 30분이 지연되었으니 바로 진행하도록 하겠습니다.

We are 30 minutes late in getting started so we will proceed immediately.

4 아직 시간이 안 되었습니다만 모두 모이셨으므로 지금부터 회의를 시작하겠습니다.

Although it's not time yet, we will start our meeting since all members are already present.

응용 표현 2

1 오늘 일정이 빠듯하니 바로 시작하도록 하겠습니다.

I think we have a long day ahead of us, so I would like to get started.

2 일정이 매우 빠듯하니 바로 진행하도록 하겠습니다.

We have some tight time constraints, so the sooner we get started, the better.

3 이미 15분의 일정 차질이 생겼으니 곧바로 회의를 시작하도록 하겠습니다.

We are already 15 minutes behind schedule. So we will start our meeting promptly.

4 시간이 다 됐습니다만 아직 도착하지 않은 분들이 계십니다. 전원이 모이는 대로 시작하겠으니 잠시 더 기다려주시기 바랍니다.

Although it's time, we still have some members who are on their way. We will get started as soon as everyone arrives. Thank you for your patience.

5 많은 논의 주제로 오늘 일정이 빠듯하게 짜여 있습니다.

We have a very full agenda with various topics to discuss today.

6 많은 연사분들이 함께하시는 향후 이틀 동안 일정은 매우 바쁘게 진행될 것입니다.

We have quite a busy agenda with lots of speakers for the next two days.

TIPS

예정된 시간보다 이르거나 늦은 경우 이를 영어로 나타낼 때 '빠르다', '느리다'의 개념보다는 시공간 개념을 시각적으로 표현하는 접근법을 취하면 편리하다. 10분 이른 경우에는 다음과 같이 정해진 시각에 10분 앞서가서 달리는 그림을, 10분 늦은 경우에는 10분 뒤처져 달리고 있는 그림을 그려보면 영어로 표현하기가 쉬워진다.

We are running 10 minutes ahead of schedule.

We are running 10 minutes behind schedule.

단어 및 표현

(회의 등을) 시작하다	commence, start, begin, get started
바로, 즉시	promptly, immediately
지연되다	(be) late, (be) behind schedule/time, (be) delayed
일정이 빠듯하다	have some tight time constraints, have a full/busy agenda
논의 주제	topic

7

사회를 맡았습니다

I am the emcee of this meeting

기본 표현

1 사회를 맡은 김이화입니다.

I am Ewha Kim, your MC.

2 개회식 사회를 진행할 김이화입니다.

My name is Ewha Kim, MC of today's opening ceremony.

3 본회의 사회를 맡게 된 김이화입니다.

I am Ewha Kim, MC of today's main session.

응용 표현 1

1 안녕하십니까, 저는 오늘 사회를 맡은 김이화입니다.

Good morning/afternoon/evening, I am Ewha Kim, your MC.

2 오늘 회의를 진행할 성남시청의 김이화입니다.

I am Ewha Kim from Seongnam City Government. I will be your MC today.

3 오늘 간담회의 진행을 하게 된 김이화입니다.

I am Ewha Kim, your MC for today's meeting.

4 이 세션의 사회는 김이화 씨가 맡아주시겠습니다.

Ms. Ewha Kim will be the MC for this session.

응용 표현 2

1 금번 연례 행사에서 사회를 보게 된 것을 기쁘게 생각합니다.

I am happy to serve as the MC of this annual event.

2 총회에 참여해주신 귀빈 여러분을 진심으로 환영하며 감사의 말씀을 드립니다.

We extend to you words of welcome and gratitude for joining us today at the general conference.

3 각국 대표단 여러분을 모시고 개회식을 진행하게 되어 영광스럽게 생각합니다.

It is an honor to host this opening ceremony attended by delegates representing their countries.

4 오늘 첫 번째 세션의 좌장은 이 교수님께서 맡아주기로 하셨습니다. 박수로 맞이해주십시오.

Professor Lee is the chair for the first session. Please welcome him with a warm round of applause.

5 이번 세션은 김 교수님께서 주재하시겠습니다. 시작하기에 앞서 김 교수님께서 세션 주제를 설명해주시겠습니다.

Professor Kim will preside over this session. And before we begin, he will first give you an overview of the theme of this session.

TIPS

회의의 진행을 돕는 역할을 하는 사람으로는 크게 사회자와 좌장을 들 수 있다. 사회자는 각종 안내, 연사 소개, 순서 소개, 경품 추첨 등 회의의 전반적인 진행을 하는 역할을 맡는다. 좌장은 개별 세션이나 토론 세션에서 해당 세션의 진행, 토론, 질의응답을 관장하며 논의가 활발하고 생산적으로 이루어지도록 토론자들의 발언을 정리하고 의견을 조정하는 역할을 한다. 역할이 다르기 때문에 사회자와 좌장의 영어 표현도 구분을 해줄 필요가 있다. 사회자는 'emcee(MC)', 좌장은 'chair' 또는 'moderator'로 표현할 수 있다.

단어 및 표현

개회식	opening ceremony
본회의	main session, plenary session
총회	general conference, general assembly
좌장	chair, moderator
사회를 맡다	I am your MC.
	I will serve as the MC of this meeting.
	It is an honor to host the opening ceremony.
	The moderator for this session is Dr. Choi.
	Dr. Kim will moderate this session.
	Moderating this session is Dr. Kim.

8

입장하시겠습니다/퇴장하시겠습니다

enter the hall/leave the hall

기본 표현

1 내외 귀빈께서 입장하시겠습니다.

We will be joined by our guests of honor.

2 주요 귀빈들이 입장하시겠습니다.

The VIPs will enter the hall to join us.

3 김 교수님을 앞으로 모시겠습니다.

I would like to invite Professor Kim to the podium.

4 김 장관님께서는 이만 퇴장하시겠습니다.

Minister Kim is about to leave the hall.

응용 표현 1

1 잠시 후 사장님 외 내외 귀빈께서 입장하시겠습니다.

The president and other dignitaries will be entering the hall shortly.

2 행사 시작에 앞서 주요 귀빈들의 입장이 있겠습니다.

Before the opening ceremony begins, we will be joined by our guests of honor.

3 주요 내빈께서 지금 입장하십니다.

Now today's guests of honor are entering the hall.

4 ○○○ 협회장님을 연단/단상으로 모시겠습니다.

I would like to invite President ○○○ to the stage.

5 장관님께서는 다른 용무가 있어 이만 퇴장하시겠습니다.

The Minister has to leave due to other commitments.

응용 표현 2

1 잠시 후 주요 내빈께서 입장하신 후 개회식을 시작하겠습니다.

As soon as the guests of honor enter, we will begin the opening ceremony.

2 행사 시작에 앞서 주요 귀빈들께서 입장하시겠습니다. 박수로 환영해주시기 바랍니다.

Before starting the ceremony, some distinguished VIPs will enter the hall to join us. Please welcome them with a warm round of applause.

3 개회식에 앞서 주요 귀빈들의 입장이 있겠습니다. 입장하실 때 모두 일어나셔서 큰 박수로 맞이해주시기 바랍니다.

Before the opening ceremony begins, we will be joined by our guests of honor. Please rise from your seats to welcome them with a round of applause.

4 지금 주요 내빈께서 입장하고 계십니다. 큰 박수로 맞아주시기 바랍니다.

Ladies and gentlemen, today's guests of honor are entering the hall. Please welcome with a big round of applause.

5 바쁘신 와중에도 오늘 개회식에 참석해주신 사장님을 다시 한번 큰 박수로 환영해주시기 바랍니다.

Let's once again give a round of applause to the president who has taken the time out of her busy schedule to attend today's opening ceremony.

6 ○○○ 시장님께서는 다른 용무가 있어 이만 자리를 뜨시겠습니다. 저녁에 열리는 만찬회에는 참석하실 예정입니다.

Mayor ○○○ has to leave due to other commitments, but he will be able to join the gala dinner.

TIPS

국제회의에서 귀빈 입장 시 또는 연사 소개 시에 '큰 박수로 환영해주십시오'라는 표현을 사회자가 자주 사용하는데, 이때 '박수'는 'applause'나 'big hand'를 사용해 다음과 같이 표현한다.

- give/extend a (warm) round of applause to Dr. Kim
- give/extend Dr. Kim a (warm) round of applause
- give a big hand to Dr. Kim
- give Dr. Kim a big hand
- Please welcome Dr. Kim with a warm round of applause.
- Please join me in welcoming Dr. Kim with a big hand.

단어 및 표현

귀빈	guest of honor
입장하다	enter, be joined by
퇴장하다	leave
잠시 후	shortly, in a short while
다른 용무가 있어	due to other commitments

9

개회식을 시작하겠습니다

We will start the opening ceremony

기본 표현

1 이제 개회식을 시작하겠습니다.

Let us now begin the opening ceremony.

2 총회 개회를 선언합니다.

I declare the General Assembly open.

3 국민의례가 있겠습니다.

We will now pledge allegiance to the nation.

응용 표현 1

1 이제 회의를 개회합니다.

This meeting is now called to order.

2 그러면 이제 심포지엄의 개회를 선언합니다.

With these words, I now declare the symposium open.

3 이제 의장님께서 총회를 개회하겠습니다.

The chair now calls the assembly to order.

4 참가국기 입장이 있겠습니다.

Now, it is time to introduce the national flags.

응용 표현 2

1 이제 심포지엄의 개회를 선언합니다. 본 심포지엄은 ○○가 주최하고, ○○가 주관하며, ○○가 후원합니다.

It is a great pleasure for me to open this symposium, which is hosted by ○○, organized by ○○, and sponsored by ○○.

2 그럼 지금부터 ○○와 ○○가 공동 주최하는 국제 심포지엄 개막식을 거행하겠습니다.

We will start the opening ceremony for today's international symposium co-hosted by ○○ and ○○.

3 먼저 연차 총회를 알리는 참가국기 입장이 있겠습니다. 참가국기 입장에 앞서 연맹기 입장이 있겠습니다.

Now it is time to introduce the national flags of countries participating in this conference. Before introducing the national flags, the league flag will enter.

4 이어서 참가국기 입장이 있겠습니다. 입장은 알파벳 순서에 의거해 진행되겠습니다. 각 국가의 국기가 입장할 때 뜨거운 박수로 환영해주시기 바랍니다.

Now it is time to introduce the national flags. The order of entrance is based on alphabetical order. Please give a warm round of applause as each flag enters.

5 회원국을 대표하는 국기가 입장을 마쳤습니다. 새로운 도전을 시작하는 회원국을 위해 힘찬 박수를 보내주시기 바랍니다.

All the flags representing the member countries have now entered. Please give a big round of applause for the member countries as they set on a new challenge.

6 다음은 국민의례가 있겠습니다. 모두 일어나 국기를 향해 서주십시오. 국기에 대해 경례! 바로! 애국가 제창이 있겠습니다.

We will now pledge allegiance to the nation. Please rise and face towards the flag. Please salute the national flag. At ease. We will now sing the national anthem.

TIPS

국민의례는 일반적으로 상업적인 성격의 민간 행사에서는 행해지지 않으나 정부기관 및 공공기관 행사에서는 종종 시행된다. 이때 '국기에 대한 맹세(Pledge of Allegiance to the Flag)'를 사회자가 낭독하거나 음원 파일을 재생하기도 한다. 따라서 '국기에 대한 맹세'의 영문 대응 표현을 알아두면 유용하다.

"나는 자랑스러운 태극기 앞에 자유롭고 정의로운 대한민국의 무궁한 영광을 위해 충성을 다할 것을 굳게 다짐합니다."

"I, standing before the noble Taegeukgi, solemnly pledge allegiance to the Republic of Korea, to its glory, liberty, and justice."

(출처: 행정자치부 영문 홈페이지)

단어 및 표현

국민의례	pledge of allegiance, national ceremony
국기	national flag
주최하다	host
주관하다	organize
후원하다	sponsor
경례(하다)	salute
바로	at ease
애국가	national anthem

10

참석자를 소개합니다

Let me introduce our guests

기본 표현

1 참석자를 소개하겠습니다.

We would like to introduce our guests.

2 각국 대표단을 소개합니다.

I'd like to introduce the delegation of each country.

3 본 세션의 좌장을 간략히 소개해드리겠습니다.

Let me briefly introduce the session chair.

응용 표현 1

1 다음은 이번 총회에 참석하신 각국의 대표단을 소개하는 시간을 갖도록 하겠습니다.

Next, we will introduce the members of the delegations from each country.

2 다음은 총회 개막식에 참석해주신 내외 귀빈 소개를 하도록 하겠습니다.

We would now like to introduce some of our guests who have graciously taken time out to join us in this opening ceremony.

3 본 세션의 좌장을 앞으로 모시겠습니다.

Let us invite forward the session chair.

4 바쁘신 중에도 본 행사의 성공적인 개최를 위해 특별히 참석해주신 ○○○ 님을 단상으로 모시겠습니다. 박수로 맞아주시기 바랍니다.

Our special guest, Mr. ○○○, attended this conference despite his busy schedule. Please welcome him to the podium with a warm round of applause.

5 시작하기에 앞서 불참하신 두 분의 사과 말씀을 전해드리겠습니다.

Before we begin, I have to refer to two apologies for absence.

응용 표현 2

1 오늘 회의에 참석하신 각국 대표단을 소개하겠습니다. 이번 회의에는 세계 30개국, 2개 국제기구에서 총 93명의 대표단이 참석했습니다.

I would like to introduce the delegation of each country. A total of 93 delegations from 30 countries and 2 international organizations are here today.

2 시계 반대 방향으로 1열에 착석하신 대표단 여러분을 소개해드리겠습니다. 귀빈 소개 시 큰 박수로 환영해주시기 바랍니다.

We will introduce our delegates seated at the front row going counter-clockwise. Please give a big round of applause as I call out the name of each guest.

3 참고로 현재 좌석은 영어 국가명 알파벳순으로 배치되어 있습니다.

The seats are arranged in alphabetical order of the country's name in English.

4 제가 호명하면 잠시 자리에서 일어서 인사해주시기 부탁드립니다.

Could the delegate whose name I call upon please stand up to greet the audience?

5 그 외에도 많은 분들께서 참석해주셨지만 시간 관계상 모두 소개해드리지 못하는 점을 양해 부탁드립니다. 바쁘신 일정 중에서도 오늘 행사에 참석해주신 내외 귀빈 여러분들께 감사드립니다.

We ask for your understanding that we were not able to introduce all our guests due to time constraints. Thank you so much for taking time out of your busy schedules to attend today's ceremony.

6 바쁘신 가운데에서도 세션 의장과 발표를 맡아주신 각 회원 여러분께 깊이 감사드립니다.

We are deeply grateful to all session chairs and speakers for joining with us despite your busy schedule.

7 세션 의장과 연사들은 총회의 동시통역 언어, 발표 일정 등을 고려해 회원 여러분께 부탁드렸음을 참고로 말씀드립니다.

The session chairs and speakers are arranged considering interpretation language and programs of the conference.

8 참고로 ○○○ 씨는 사정이 생겨 이번 회의에 참석하지 못하셨습니다. ○○○ 씨로부터 참석하지 못하는 것을 유감으로 생각한다는 사과가 있었습니다.

For your information, Mr. ○○○ couldn't make it to the conference due to circumstances. Apologies have been received from Mr. ○○○, who regret his inability to attend.

9 ○○○ 씨가 사전 약속 때문에 이번 회의에 참석하지 못하는 것을 양해해달라는 내용의 서신을 보내주셨습니다.

Mr. ○○○ has written asking to be excused from this session on account of prior commitments.

10 한 가지 더 드릴 말씀이 있습니다. ○○○ 이사님께서 국내 일정으로 하루 앞당겨 귀국하게 되면서 대표단의 일원인 ○○○ 교수님께서 ○○○ 이사님을 대신해 오늘 회의에 참석하셨습니다.

Let me just add one more thing. Professor ○○○ participated in today's meeting on behalf of Director ○○○, who returned to his country one day earlier than expected for domestic issues.

TIPS

행사에 초청받은 사람들이 부득이하게 참석하지 못하는 경우가 종종 발생한다. 사전에 잡힌 일정이 있어서 회의 참석 요청에 응할 수 없거나 개인적인 사유나 예정에 없던 일이 발생해 참석이 불가능해질 수 있다. 이런 경우 상황에 맞게 달리 표현할 수 있다.

- due to a prior commitment 사전에 잡힌 일정이 있어서
- due to other commitments 다른 일정이 있어서
- due to personal reasons 개인 사정으로
- something important has come up 중요한 일이 생겨서

단어 및 표현

참석자	guest, participant
참석하다	attend, participate, (be) present
대표단	delegation
대표	delegate
자리를 빛내주다	grace [the occasion] with one's presence
불참	absence
시계 방향으로	clockwise
시계 반대 방향으로	counter-clockwise
알파벳순	in alphabetical order
시간 관계상	due to time contraints
~를 대신해	on behalf of ~

11

개회사를 듣겠습니다

We will listen to the opening remarks

기본 표현

1 사장님의 개회사가 있겠습니다.

We will hear the opening remarks from the president.

2 ○○○ 시장님께서 개회사를 하시겠습니다.

Mayor ○○○ will give us his opening speech.

3 사장님의 인사 말씀을 듣겠습니다.

I'd like to invite the president for her remarks.

응용 표현 1

1 먼저 ○○○ 조직위원장님의 개회사가 있겠습니다.

Now, let us invite ○○○, Chairman of the organizing committee, for his opening remarks.

2 개회사를 위해 사장님이 나오시겠습니다.

I would like to invite the president for her opening remarks.

3 다음은 환영사가 있겠습니다.

Now, we will continue with the welcome speech.

4 ○○○ 씨의 격려사가 있겠습니다.

Now let us invite forward Mr. ○○○, who will deliver words of encouragement.

5 ○○○ 사장님, 좋은 말씀 감사합니다.

Thank you, President ○○○ for giving us a wonderful speech.

응용 표현 2

1 개회사를 위해 사장님을 모시겠습니다. 따뜻한 박수로 맞이해주시기 바랍니다.

I am honored to invite the president for his opening remarks. Ladies and gentlemen, please welcome the president with a warm round of applause.

2 이번 총회의 개회 인사를 듣겠습니다. 개회 인사는 ○○○ 씨께서 해주시겠습니다.

Next, we will listen to the opening remarks for the conference, delivered by Mr. ○○○.

3 다음은 이 자리를 빛내기 위해 참석해주신 ○○○ 님의 축사가 있겠습니다. 뜨거운 박수 부탁드립니다.

Next, Mr. ○○○ attends to give us a congratulatory speech for today's meeting. Please welcome him with a warm round of applause.

4 총회 개막을 축하해주시기 위해 ○○○ 장관님께서 영상으로 축사를 전해주셨습니다.

Minister ○○○ has sent a video message to congratulate the general conference.

5 ○○○ 씨의 메시지를 영상으로 보시겠습니다. 메시지를 보내주신 ○○○ 씨께 다시 한번 감사의 말씀을 드립니다.

We will now see a video message from Mr. ○○○. Once again, we would like to thank Mr. ○○○ for sending us his message.

TIPS

개회식에서는 사회자의 소개와 안내로 시작해 개회사, 환영사, 축사가 이어진다. 모두 인사말의 성격을 띠는 것이지만 세부적인 차이가 있다.

개회사는 회의 주최기관의 대표가 회의가 개최됨을 알리는 인사말로 회의의 의의, 참석자들에 대한 감사 표시, 활발한 교류 당부, 성공적인 회의 기원 등의 내용을 담고 있다. 환영사 또한 회의 주최기관 대표의 인사말로서, 개회사와 유사한 내용을 담고 있다. 축사는 타 기관의 대표, 국회의원 등 유력 인사가 회의 개최를 축하하는 인사말로 성공적인 회의가 되기를 기원하는 내용을 담는다. 개회사와 환영사가 성격이 중복되는 관계로 개회사와 환영사 둘 중 하나만을 하고 축사를 추가하거나, 혹은 환영사와 축사 없이 개회사만 하는 경우도 많다.

- opening remarks/speech 개회사
- welcome remarks/speech 환영사
- congratulatory remarks/speech 축사

단어 및 표현

조직위원회	organizing committee
격려사	words of encouragement
영상 메시지	video message

12

환영합니다

I would like to welcome you all

기본 표현

1 여러분을 환영합니다.

I am pleased to welcome you all.

2 개회식에 참석하신 여러분을 환영합니다.

Welcome to the opening ceremony for the meeting.

3 오늘 이 자리에 함께해주셔서 감사합니다.

I would like to thank you for your presence with us today.

응용 표현 1

1 안녕하십니까, 내외 귀빈 여러분, 본 회의에 참가해주신 것을 환영합니다.

Good morning, honorable delegates and ladies and gentlemen, welcome to the conference.

2 총회에 참석하신 여러분을 환영하게 되어 큰 영광으로 생각합니다.

It is a great honor to welcome you to the general assembly.

3 이 자리에 참석해주신 모든 분들께 감사의 말씀을 드립니다.

I would like to thank everyone here for joining in this meeting.

응용 표현 2

1 바쁜 총회 일정 중에도 오늘 참석해주신 회원 여러분들께 감사의 말씀을 드립니다.

I am deeply grateful to all members here for taking time out of your busy schedules.

2 특히 해외에서 오신 참석자분들께 따뜻한 환영의 말씀을 전합니다.

I would like to extend a warm welcome in particular to our guests who have flown from overseas.

3 이 자리에 함께하기 위해 멀리서 오신 분들께 특별한 감사를 표합니다.

My special thanks go to those of you who have come long distances to be here with us today.

4 참석해주신 모든 분들께 이 기회를 빌려 다시 한번 깊이 감사드립니다. 전 세계로부터 오신 많은 분들이 우리와 자리를 같이해주셔서 행운입니다.

Let me make this opportunity to once again express my deepest gratitude to all those who have joined us this morning. We are fortunate to have with us so many guests from around the world.

TIPS

참석자를 환영한다는 표현은 한국어로는 '~를 환영합니다' 한 가지이지만, 영어에서는 여러 동사와 결합해 다음과 같이 다양한 표현이 가능하다.

- Welcome to the RFID Conference!
- I would like to welcome everyone to the 1st IoT Conference.
- I would like to extend a warm welcome to all of you.
- I would like to express a very warm welcome to all of you.

단어 및 표현

~에게 감사하다	thank ~, be grateful to ~, express one's gratitude to ~, my thanks go to ~
바쁘신 와중에도	out of one's busy schedule, despite one's busy schedule
시간을 내서 오다	take (the) time to be here
멀리서 오다	come/travel long distances to be here

13

영광으로 생각합니다/ 기쁘게 생각합니다

It is an honor to .../It is a pleasure to ...

기본 표현

1 개회사를 하게 되어 영광입니다.

It is an honor for me to give this opening address.

2 회의에 참여하게 되어 영광으로 생각합니다.

I consider it an honor to participate in this conference.

3 이 행사의 사회를 맡게 되어 기쁘게 생각합니다.

It is a pleasure to serve as the emcee of this event.

응용 표현 1

1 이번 개회식에 동참할 수 있게 된 것은 제게는 영광이자 특권입니다.

I consider it an honor and a privilege to participate in this opening ceremony.

2 올해 회의를 서울에서 개최하게 되어 기쁘게 생각합니다.

We are delighted to host this year's conference in Seoul.

3 제10차 ○○ 회의에서 인사를 드리게 되어 영광입니다.

I am honored to have an opportunity to speak at the 10th ○○ Conference.

4 ABC라는 중요한 주제를 논의하는 금번 회의에서 발표를 하게 되어 영광입니다.

It is with great honor that I give a speech at this conference where we are gathered to discuss the important issue of ABC.

응용 표현 2

1 본 기관은 올해로 창립 15주년이 되었습니다. 이 같은 해에 이번 회의가 열리게 된 것을 무척 기쁘게 생각합니다.

This year marks the 15th anniversary of our organization. I consider it a great pleasure to hold this event in this year.

2 오늘 회의를 개최하게 되어 무척 기쁩니다. 회의 준비를 위해 애쓰신 관계자와 회원 여러분의 노고에 감사드립니다.

I am profoundly delighted to host this conference. I'd like to extend my gratitude to the staff and members for making this event possible.

3 오늘 ABC라는 중요한 주제를 논의하기 위해 모이신 전문가들께 말씀을 드리게 되어 영광으로 생각합니다.

I am honored to have the opportunity to address this distinguished group of experts, who have gathered here to discuss the important topic of ABC.

4 이번 회의에서 ABC를 선언하게 된 것을 매우 뜻깊게 생각합니다. 그동안 애쓰신 관계자와 회원 여러분의 노고에 감사드립니다.

I believe it is of great significance that in this year's meeting, we have declared ABC. I thank the organizers and the members for your endeavors.

TIPS

'연설을 하게 되어 영광입니다', '참석하게 되어 영광입니다' 등과 같은 인사말에서 '영광입니다'에 해당하는 표현은 다음과 같다.

- It is a great honor for me to speak before this wonderful audience.
- It is with great honor that I address this council.
- It is a great honor and a privilege to stand here.
- I consider it a great honor to participate in this important conference.

단어 및 표현

~해서 기쁘다	It is a pleasure to ~, I am delighted to ~
~에 동참하다	participate in ~, join efforts in ~
개최하다	host
~주년	~th anniversary
선언하다	declare, announce
노고	endeavor, efforts

14

성공을 기원합니다

We wish you all the success

기본 표현

1 성공적인 콘퍼런스가 되기를 기원합니다.

We wish the best success to this congress.

2 본 콘퍼런스가 큰 성공을 거두기를 기원합니다.

I wish the conference a resounding success.

3 보람 있는 회의가 되기를 기원합니다.

I wish you a rewarding meeting.

응용 표현 1

1 본 콘퍼런스가 매우 생산적인 회의가 되기를 기원합니다.

I wish you a productive conference.

2 이번 심포지엄이 풍성한 결실을 거두길 기원합니다.

I wish this symposium will bear fruitful results.

3 이번 회의가 생태계 보호를 위한, 성공적인 논의의 장이 되기를 기대합니다.

I look forward to this meeting bringing successful results for the protection of our ecosystem.

4 해외에서 참석하신 모든 분들이 한국에서 좋은 추억을 간직하고 돌아갈 수 있기를 기원합니다.

I hope all our guests from overseas will enjoy their stay in Korea and return home with pleasant memories.

5 서울에 머무는 동안 유쾌하고 보람 있는 시간을 보내시길 바랍니다.

I wish you a pleasant and rewarding stay here in Seoul.

응용 표현 2

1 모쪼록 아시아 경제 발전을 위한 유익한 논의가 있기를 기대하겠습니다.

I hope we have a fruitful discussion on Asia's economic development.

2 오늘 회의를 통해 양국 대표들께서 상호 이해의 폭을 넓히길 바라 마지않겠습니다.

It's my sincere hope that this meeting will serve as an opportunity for the delegates from both countries to have a better understanding of each other.

3 오늘의 발표와 토론이 양국 간 협력과 우호 증진에 크게 기여할 것으로 기대합니다.

I hope that the presentations and discussions you will be having in this conference will contribute to enhancing cooperation and friendship between both countries.

4 반도체 산업을 위한 성과 있는 회의가 되기를 바라겠습니다.

I hope you will find this meeting a fruitful endeavor for the semiconductor industry.

단어 및 표현

성공적인	successful
보람 있는	rewarding
생산적인	productive
풍성한, 성과 있는	fruitful
유쾌한	pleasant
유익한	fruitful, instructive, informative

TIPS

회의를 시작하면서 흔히 하는 인사말로 '보람 있는 시간이 되기를 바랍니다', '성공을 기원합니다', '행운을 빕니다' 등이 있는데 사전적인 대응어를 찾아 그대로 사용하면 어색한 표현이 되는 경우가 많다. 이때 다음과 같은 표현을 사용해보자.

보람 있는 시간이 되기를 바랍니다.

- I wish you a fulfilling conference.
- I wish you a rewarding conference.
- I hope you find this conference rewarding.

성공을 기원합니다.

- I wish every success to this conference.
- I wish you a successful conference.
- I wish you every success with this conference.

행운을 빕니다.

- I wish you the (very) best of luck.
- I wish you the best of luck with your future endeavours.

한국에 계신 동안 유쾌하고 기억에 남는 시간이 되기를 바랍니다.

- I wish you a pleasant and memorable stay in Korea.

15

시상식이 있겠습니다

We will begin the awards ceremony

기본 표현

1 지금부터 시상식을 시작하겠습니다.

We will now begin the awards ceremony.

2 10분 후에 포상식을 진행하도록 하겠습니다.

We will begin the awards ceremony in 10 minutes.

3 ○○○ 씨에게 감사패를 전달하겠습니다.

A recognition award will be given to Mr. ○○○.

응용 표현 1

1 다음 순서로 ○○ 창립 10주년 기념 국가유공자 포상식을 진행하도록 하겠습니다.

We will now begin the Awards Ceremony for Men of National Merit in commemoration of the 10th anniversary of the establishment of ○○.

2 다음은 그간 아낌없는 지원을 해주신 데 대한 감사의 뜻으로 ○○○ 씨께 감사패를 전달하겠습니다.

Next, a recognition award will be given to Mr. ○○○ for all the support and concern.

3 시상은 ○○○ 씨께서 해주시겠습니다.

Mr. ○○○ will be presenting the awards.

4 축하드립니다. 이어서 기념 촬영이 있겠습니다.

Congratulations. We will take a moment for some photos.

응용 표현 2

1 포상식은 국제 자유장 및 봉사장 포상과 정부 포상으로 진행되겠습니다.

The award ceremony will be held in two separate sections, the Freedom Awards & Service Awards and the National Awards by the Government of Korea.

2 그럼 먼저 자유장 및 봉사장 포상자를 발표하겠습니다.

We will first announce the awardees of the Freedom Awards and Service Awards.

3 호명되신 분은 무대 위로 올라와 주시기 바랍니다.

Could the awardees come forth onto the stage as I announce his or her name?

4 다시 한번 진심으로 축하드리고, 시상을 도와주신 ○○○ 씨께 감사드립니다.

My heartfelt congratulations to you all again. And my gratitude to Mr. ○○○ for your help in the ceremony.

5 수상자께서는 자리로 이동해 착석해주시기 바랍니다.

Could the awardees now kindly return to your seats?

TIPS

다음의 자유장 문구는 아래와 같이 영문으로 표현할 수 있다.

"귀하는 헌신적 봉사정신으로 자유민주주의 가치 창달에 기여한 공이 크므로 세계자유민주연맹에서 제정한 자유장을 수여함."

"Under the authorization of the World League for Freedom and Democracy, the Freedom Award is presented to you for your efforts in enhancing freedom and democracy, and your devoted services for world peace."

단어 및 표현

시상식, 포상식	award(s) ceremony
감사패	recognition award, plaque of appreciation
~을 기념해	in commemoration of ~
유공자	men of national merit
자유장	Freedom Award
봉사장	Service Award
수상자	awardee

16

개회식을 마치겠습니다

This concludes the opening ceremony

기본 표현

1 이것으로 개회식을 마치겠습니다.

This concludes the opening ceremony.

2 이상으로 개회식을 모두 마치겠습니다.

This marks the end of the opening ceremony.

3 기념사진 촬영을 끝으로 개회식을 마무리하겠습니다.

We will finish the opening ceremony with a photo session.

응용 표현 1

1 이것으로 개회식을 마치겠습니다. 함께해주신 모든 분들께 다시 한번 감사드립니다.

That concludes the opening ceremony for the meeting. Thank you everyone again for being here with us.

2 그럼 이것으로 개회식을 마치고 본회의를 시작하겠습니다. 모두 대표단 자리로 돌아가주시기 바랍니다.

This marks the end of the opening ceremony. We will now begin the main session. If all the delegates could kindy return to their designated seats.

3 이상으로 개회식을 마치고 잠시 후 패널토론을 시작하겠습니다.

This concludes the opening ceremony. The conference will resume with a panel discussion.

4 잠시 후 특별강연이 시작될 예정입니다.

In a short while, we will begin the special speech of the conference.

응용 표현 2

1 이상으로 개회식을 마치겠습니다. 오늘 이 자리를 함께해주신 모든 분들께 다시 한번 감사드립니다.

This concludes the opening ceremony. Once again, I thank all the guests for your attendance.

2 마지막으로 이번 행사를 기념하여 단체 사진을 촬영하겠습니다. 1열에 착석하신 대표단 여러분께서는 무대 앞으로 나와주시면 감사하겠습니다.

We will finish the ceremony with a group photo session. Could the delegates seated at the first line please come forward to the stage?

3 잠시 후 단상 정리가 마무리되는 대로 기조강연을 진행하도록 하겠습니다. 단상이 정리될 동안 잠시 기다려주시면 감사하겠습니다.

As soon as the stage is reset, we will resume with our keynote speech. Thank you for your kind patience waiting for the stage to be reset.

4 잠시 후 총회 제1세션이 진행될 예정이니 로비에 계신 각국 대표단 여러분께서는 회의장 내 지정된 좌석에 착석해주시기 바랍니다.

We will be beginning the first session shortly. Could all the guests in the lobby please return to their seats?

5 잠시 후 10시 15분에 제1세션이 시작될 예정이오니 모두 착석해주시기 바랍니다. 의장과 발표자들은 무대에 마련된 발표석으로 자리를 옮겨주시기 바랍니다.

Session 1 will begin shortly at 10:15 a.m. Please enter the hall and be seated. Could the chairperson and the presenters please move to the seats prepared on the stage?

TIPS

회의는 참가자 수, 규모, 정기적으로 개최되는지 여부 등의 성격에 따라 다음의 몇 가지 유형으로 구분된다.

- **conference**: 주로 전문적인 주제에 대해 전문가의 발표와 토론으로 구성된 형식을 갖춘 회의를 가리킨다. 정기적인 성격을 반드시 띠지는 않는다.
- **convention**: 보통 대회의장에서 개최되는 규모가 큰 회의로 본회의(main sessions)와 분과회의(breakout sessions), 때로는 전시회를 아우르며, 정기적으로 개최되는 정기 집회의 성격이 있다.
- **congress**: 각 국가나 단체의 대표로 구성된 특정 집단의 정기 총회 성격을 지니고 있고, convention과 유사한 의미로 사용된다.
- **forum**: 다양한 견해를 지닌 패널리스트들이 청중 앞에서 진행하는 공개토론회의 성격을 지닌다.
- **symposium**: forum과 유사하나 토론의 주제가 전문적이거나 학술적인 경우가 많다.
- **seminar**: 소규모 청중을 대상으로 발표 형식으로 진행되며 제품, 기술 소개나 교육을 하는 회의의 성격을 지닌다.
- **workshop**: 교육의 성격이 강한 소규모 회의로, 강의와 실습 등으로 구성되어 연사와 청중 간 상호 작용이 강하다.

단어 및 표현

마치다	conclude, mark the end, finish
다시 시작하다, 재개하다	resume
단체 사진	group photo
무대, 단상, 연단	stage, podium
단상을 정리하다	reset the stage, rearrange the stage

17

회의 일정을 안내해드리겠습니다

Let me explain today's agenda

기본 표현

1 오늘 일정을 간략히 안내해드립니다.

Let me briefly explain today's agenda.

2 오늘의 일정에 대해서 말씀드리겠습니다.

Allow me to go over the program for today.

3 회의 일정을 말씀드리겠습니다.

Let me touch upon today's agenda.

응용 표현 1

1 먼저 본 회의의 일정을 간략히 말씀드리겠습니다.

To begin with, let me briefly touch upon today's agenda.

2 진행 순서를 간단히 말씀드리겠습니다. 오전 세션은 1시간으로 예정되어 있습니다.

Let me briefly explain today's schedule. The morning session will last about an hour.

3 포럼을 시작하기 전에 회의 진행과 관련해 안내 말씀 드리겠습니다.

I have a couple of housekeeping notes to make before we begin the forum.

4 이번 콘퍼런스의 주제는 ABC입니다.

Today's conference is held under the theme of ABC.

5 이제부터 ABC를 주제로 제1세션을 시작하겠습니다.

We will now start session 1 under the title of ABC.

응용 표현 2

1 다음 일정에 대해 잠시 안내 말씀을 드리겠습니다. 첫 번째 순서로는 ABC를 주제로 ○○○ 씨께서 기조강연을 해주시겠습니다.

Let me brief you on the next agenda. First, Mr. ○○○ will give a keynote speech under the topic of ABC.

2 이번 총회의 주제를 영상으로 준비했습니다.

A video presentation on the theme of this conference has been prepared.

3 이번 콘퍼런스에서는 ABC를 집중적으로 논의할 예정입니다. 먼저 주제 영상을 보시겠습니다.

This conference will focus on discussing ABC. We will begin with a video presentation of today's theme.

4 주제 영상을 잘 감상하셨기 바랍니다. 이 콘퍼런스를 통해 주제에 대한 뜻깊은 논의가 있기를 기대합니다.

I hope you enjoyed the video. I hope this conference will lead to thoughtful discussions on the subject.

5 이 회의는 성공적인 박람회의 개최를 위한 준비 상황 점검과 앞으로 나아갈 방향에 대해 논의하는 장으로 꾸며질 예정입니다. 참석자 여러분의 통찰과 고견을 기대하겠습니다.

This meeting will be the stage of preliminary check for opening EXPO successfully and its way to go. We look forward to your insights and opinions today.

단어 및 표현

일정	agenda, schedule, program
간략히 말하다	briefly explain, briefly touch upon, give an overview of
회의 진행 관련 안내	housekeeping note
주제	theme, title
기조강연	keynote speech

18

발표자를 소개해드리겠습니다

Let me introduce our speaker

기본 표현

1 발표자이신 ○○○ 시장님을 소개합니다.

I am pleased to introduce our speaker, Mayor ○○○.

2 ○○○ 사장님에 대해 소개해드리겠습니다.

It is my pleasure to introduce President ○○○.

3 기조연설을 해주실 ○○○ 교수님을 소개해드립니다.

Let me introduce our keynote speaker, Professor ○○○.

응용 표현 1

1 ○○○ 씨를 소개합니다. ○○○ 씨는 ABC 학회장을 맡고 계십니다.

Let me introduce Ms. ○○○. She is President of ABC Society.

2 ○○○ 부사장님을 소개해드립니다. ○○○ 부사장님은 현재 아시아태평양 지역 세일즈와 마케팅을 총괄하고 계십니다.

Let me introduce Vice President ○○○. He is VP of sales and marketing for Asia Pacific.

3 ○○○ 상무님을 잠시 소개해드리겠습니다. 상무님께서는 2010년부터 ABC사에서 재직하시면서 영업 및 마케팅을 총괄하셨고 AB와 CD 등 대표적인 플랫폼을 출시하셨습니다.

It is my pleasure to introduce Managing Director ○○○. Since joining ABC in 2010, he has overseen sales and marketing, and led the launch of key platforms, such as AB and CD.

4 ○○○ 교수님에 대해 소개해드리겠습니다. ○○○ 교수님은 ABC대학교에서 DEF학 박사학위를 받으시고 현재 GHI대학교에서 교수로 재직 중이십니다.

It is with great pleasure to introduce Professor ○○○. Professor ○○○ earned his doctoral degree from ABC University in DEF, and is now Professor at GHI University.

응용 표현 2

1 ○○○ 소장님을 소개해드립니다. ○○○ 소장님은 ABC연구소의 공동 설립자이자 현 소장이십니다. 10개가 넘는 베스트셀러 작가로 유명하시죠.

I am pleased to introduce Director ○○○. Mr. ○○○ is the co-founder and director of ABC research center. He is a renowned author of more than 10 best-selling books.

2 기조연설자이신 ○○○ 님은 벤처기업 ABC사의 설립자입니다. 현재 DEF 위원장을 맡고 계시며, GHI 분야에서의 공헌으로 JKL상을 수상한 바 있습니다.

Our keynote speaker, Ms. ○○○, is the founder of ABC, a startup company. She also serves as the chair of the DEF committee. She received the JKL award for her contribution to the GHI field.

3 발표자를 잠시 소개해드리겠습니다. ○○○ 이사님은 북미 지역 세일즈를 담당하고 있습니다. 2005년 ABC사에 들어오기 전에는 DEF사의 이사를 역임한 바 있습니다. 이사님께서는 GHI 업계에서 20년 이상 종사하면서 업계 전반에 관한 폭넓은 지식을 쌓아오셨습니다.

Let me briefly introduce our speaker. Mr. ○○○ is a sales director for North America. Prior to joining ABC in 2005, he has served as a director at DEF. With over 20 years of experience in the GHI industry, Director ○○○ has gained extensive industry-wide knowledge.

4 다음 발표자를 소개해드리겠습니다. ○○○ 씨는 비영리기관인 ABC의 국장입니다. 이전에는 DEF 프로젝트를 진행한 바 있습니다. 주요 관심 연구 분야로는 GH, IJ 및 KL이 있습니다.

Let me introduce our next speaker. Ms. ○○○ is a director of ABC, a non-profit organization. Previously, she has led the DEF project. Her research interests include GH, IJ, and KL.

단어 및 표현

~를 소개하다	let me introduce ~, I am pleased to introduce ~, It is my pleasure to introduce ~
~에서 박사학위를 받다	earned one's doctoral degree from ~
벤처기업	startup company
비영리기관	non-profit organization

19

'ABC'라는 제목으로 말씀드리겠습니다

The title of my speech is 'ABC'

기본 표현

1 발표 제목은 ABC입니다.

I'd like to talk under the title of ABC.

2 ABC에 관해 말씀드리겠습니다.

I'd like to talk about ABC.

3 ABC에 대해 간략히 말씀드리겠습니다.

I'd like to outline ABC.

응용 표현 1

1 오늘은 연준위 금리 인상을 주제로 말씀드리겠습니다.

The topic I'd like to address today is the Fed's interest rate hike.

2 최근 심각해지고 있는 고령화 사회 문제에 관해 말씀드리겠습니다.

I'd like to talk about the ageing society, which is becoming an increasingly serious problem.

3 국내 원자력 발전소에 대해 개괄적으로 설명드리겠습니다.

I'd like to give an overview of nuclear power plants in Korea.

4 오늘 청년실업에 관해 논의하고자 합니다.

I would like to discuss youth unemployment today.

응용 표현 2

1 지구 온난화 문제에 대한 제 생각을 말씀드리고자 합니다.

I am going to share my view on global warming.

2 이번 시간에는 최근의 위협 구도에 대해 설명을 드리겠습니다.

In this session, I am going to explain the recent threat landscape.

3 저는 오늘 실업 문제를 중심으로 말씀드리겠습니다.

My talk today will deal primarily with unemployment issues.

4 오늘 말씀드릴 주제는 최근 늘어나고 있는 가계부채 상황을 고려할 때 매우 시의적절한 주제입니다.

The topic I'm going to discuss today is a very timely one given the recent growth in household debt.

5 지금까지 저는 IT 업계에서 관심을 갖고 있는 두 가지 주제를 중심으로 말씀드렸습니다.

So far, I covered two topics of interest to the IT industry.

6 저는 오늘 이러닝에 관해 발표해달라는 부탁을 받았습니다. 제 발표가 이러닝에 대한 여러분의 이해를 증진하는 데 조금이나마 도움이 되기를 바랍니다.

The topic I have been asked to talk about today is e-learning. I hope my presentation will contribute to enhancing your understanding on e-learning.

TIPS

회사 신제품 홍보를 위한 기자간담회 혹은 세미나에서는 연사의 발표도 있지만, 제품 홍보와 연계해 제품 시연을 하거나 회의장 뒤편 또는 로비에 부스(booth)를 마련해 사용자들이 직접 체험해볼 수 있는 기회를 제공하곤 한다. 이와 관련된 상황에서 사용되는 다음의 표현들을 익혀보자.

- We will give a demo of our new software version.
- There will be a demo for Xbox 360.
- You will have a chance to have a hands-on experience of our video game console.
- This workshop includes both classroom and hands-on training sessions.

단어 및 표현

시의적절한　timely

시연　demo

~에 대해 말하다/발표하다　My talk will deal with ~, adress ~, discuss ~, cover ~

20

자세히 설명드리겠습니다

Let me explain in detail

기본 표현

1 ABC에 관해 조금 더 자세히 설명드리겠습니다.

I'd like to discuss ABC in greater detail.

2 먼저 ABC에 관해 상세하게 말씀드리겠습니다.

First of all, I would like to elaborate on ABC.

3 제 발표는 세 부분으로 구성되어 있습니다.

My presentation consists of three parts.

응용 표현 1

1 제가 발표할 내용은 세 부분으로 구성되어 있습니다.

Let me divide my talk into three parts.

2 먼저 반도체 산업 현황부터 설명드리겠습니다.

I would like to begin by explaining the current status of our semiconductor industry.

3 다음으로 연준위 금리 인상 전망에 대해 말씀드리겠습니다.

The next point I'd like to address is the prospect of the Fed's rate hike.

4 '교육'이라는 중요한 주제에 관해 자세히 설명하겠습니다.

Let me elaborate on this important topic of education.

응용 표현 2

1 오늘 발표는 세 부분으로 나누어 설명드리겠습니다. 첫째, 회사 소개, 둘째, 시장 현황, 셋째, 신제품 소개입니다.

My presentation involves three parts. First, I will give you an overview of our company. Second, I will touch upon the present market situation. Finally, I'd like to introduce our new products.

2 제 발표는 두 부분으로 구성되어 있습니다. 우선 아시아태평양 지역의 IT 부문 지출 현황에 관해 살펴본 후 관련 사례를 소개하도록 하겠습니다.

I will divide my talk into two parts. I will begin with an overview of IT spend of organizations in the Asia Pacific region. And thereafter, I will introduce relevant case studies.

3 시간 관계상 오늘 발표에서는 저작권 문제에 집중하겠습니다.

In the interest of time, I am going to focus on copyright issues.

4 이번에는 주제를 바꾸어 각 기업이 이 문제에 어떻게 대응하고 있는지 말씀드리겠습니다. 이 점에 대해서는 조금 더 자세히 설명드리겠습니다.

Now I'd like to shift gears and touch on how each company addressed this issue. I am going to explain in greater detail on this issue.

단어 및 표현

(더) 자세히	in (greater) detail
~을 자세히 설명하다	elaborate on ~, expand on ~
시간 관계상	in the interest of time, due to time constraints
집중하다	focus on, highlight
주제/화제를 바꾸다	shift gears

TIPS

발표에서 어떤 주제에 관해 '말하고자 한다' 또는 '설명하고자 한다' 등에 해당하는 표현은 다음과 같이 다양하다.

말하다/다루다

- I would like to talk about climate change and its global implications.
- I would like to address the issue of global warming.
- The topic I would like to discuss today is climate change.
- I will cover three issues.

간략히/개괄적으로 설명하다

- I will give an overview of the threat landscape.
- I will briefly explain about our company.
- I am going to discuss our industry's recent development at a high level.

집중하다

- I am going to highlight the emerging technologies in this field.
- I will focus my talk on three areas.

21

발표를 마치겠습니다

That concludes my speech

기본 표현

1 이것으로 제 발표를 마치겠습니다.

That concludes my presentation.

2 ABC에 대해 말씀드리며 제 발표를 마치겠습니다.

I would like to conclude with a discussion of ABC.

3 경청해주셔서 감사합니다.

Thank you for your attention.

응용 표현 1

1 이상으로 제 발표를 마치겠습니다.

That brings me to the end of my presentation.

2 게임 산업에 대한 말씀을 끝으로 발표를 마치도록 하겠습니다.

I am going to close with a final thought on the game industry.

3 결론적으로 말씀드리자면, 올해 시장 전망은 밝다는 것입니다.

In conclusion, this year's market outlook is bright.

4 오늘 제 발표의 요점은 다음과 같습니다.

Here are some of the key takeaways from my presentation.

응용 표현 2

1 마지막으로 국내 이러닝 시장에 대한 말씀을 드리겠습니다.

I would like to close by saying a few words on Korea's e-learning market.

2 이것으로 제 연설을 마치겠습니다. 지금까지 경청해주셔서 감사합니다.

With that, I will end my presentation. Thank you for bearing with me.

3 이 회의가 한국의 투자 환경에 대해 더 깊게 이해할 수 있는 유익한 시간이 되었기를 바랍니다.

I hope today's meeting gave you an in-depth understanding on Korea's investment environment.

4 이상으로 제 발표를 마치겠습니다. 경청해주셔서 감사드리며, 여러분 모두의 건승을 기원합니다.

With that, I'd like to conclude my talk. Thank you for your attention, and I wish you all the very best.

5 한중 FTA가 양국 금융시장 발전에 기여할 것으로 확신하며, 앞으로 양국 금융기관의 상호 협력이 더욱 강화되기를 기대합니다.

I am confident that Korea-China FTA will contribute to the development of both countries' financial markets, and I'm also looking forward to greater cooperation between financial institutions of the two countries.

TIPS

파워포인트로 만든 자료를 스크린에 띄워놓고 발표를 하는 경우 마지막 부분에는 '결론(Conclusion)' 또는 '요약(Summary)'이라는 제목하에 발표 내용을 간단하게 정리한 슬라이드를 포함시키는 연사가 많이 있다. 이때 'Conclusion'이나 'Summary' 대신 'Key Takeaways'라고 표현하는 경우, 핵심적인 내용을 요약하거나 핵심적인 시사점을 제시해준다는 느낌을 줄 수 있다.

단어 및 표현

(이것으로/~를 끝으로) 발표를 마치다	conclude with ~, close with ~, close by saying that ~, bring ~ to a close
시장 전망	market outlook
~에 기여하다	contribute to ~
~을 기대하다	look forward to ~

22

질문을 받겠습니다

We will take questions

기본 표현

1 지금부터 질의응답 시간을 갖겠습니다.

Now we will have a Q&A session.

2 이어서 질의응답 시간을 갖도록 하겠습니다.

Now we will move on to the Q&A session.

3 질문이 있으면 받도록 하겠습니다.

We will now take questions from the floor.

응용 표현 1

1 지금부터 질문을 받겠습니다.

We will now entertain questions from the floor.

2 그럼 이제 발표 내용에 대한 질의응답 시간을 갖도록 하겠습니다.

Now we will move on to the Q&A session about the presentations.

3 질문할 사항이 있는 분들은 손을 들어주십시오.

If you have a question, please raise your hand.

4 질문이 있는 분은 손을 들어주시면 운영요원이 마이크를 전달해드리도록 하겠습니다.

If you have a question, please raise your hands for microphone. Then our staff will come to you.

5 지목되신 분은 성함과 소속을 말씀하시고 질문을 해주시기 바랍니다.

Please refer to your name and affiliation before you question.

6 질문에 대한 답변이 되었습니까?

Does that answer your question?

응용 표현 2

1 질의응답에 앞서 ○○○ 씨께서 잠시 발언을 희망하셨습니다.

Mr. ○○○ would like to make a few remarks before we proceed to the Q&A session.

2 어제 회의를 통해서 많은 궁금증이 해소되었을 것으로 생각됩니다만, 그래도 아직 미진한 부분이 있다면 질문해주시기 바랍니다.

I believe that you had an opportunity to solve the questions during yesterday's program. However, if you still have any lingering questions, now is the time to ask.

3 질의응답 세션은 먼저 3개의 질문을 받은 후에 답변하는 방식으로 40분간 진행하겠습니다.

We will take three questions first, and give you the answers after that. And the Q&A session will proceed for 40 minutes.

4 저는 여러분과 활발한 의견 교환을 원합니다. 따라서 질문이나 코멘트가 있으시면 발표 중에도 얼마든지 말씀하시기 바랍니다.

I would like this session to be more interactive. So, don't hesitate to interrupt me if you have any questions or comments.

5 제 질문은 두 가지입니다. 첫 번째는 최근 원자력 발전소 문제에 대한 한국 정부의 입장입니다. 두 번째는 향후 한국의 신재생 에너지 개발 계획입니다.

My question is two fold. The first part of my question is about Korean government's position on the recent issues of nuclear power plants. And the second part of my question is about the roadmap of Korea's new and renewable energy development.

TIPS

서양은 이름 다음에 성이 오는 반면 한국과 일본 등 동양권 국가는 성이 먼저 오고 이름이 뒤에 온다. 이러한 차이로 인해 국제회의에서 한국 사회자나 좌장이 연사를 소개할 때 종종 결례를 하곤 한다. 이름을 생략하고 호칭을 붙여 호명할 때 '호칭+성(예: President Obama)'으로 해야 하나 'Barack Obama'를 한국식으로 '성+이름'의 순서로 착각해 'Mr. Barack' 또는 'President Barack'과 같이 잘못 부르는 경우가 자주 발생한다. 한국으로 치면 이건희 회장을 '건희 씨', '건희 회장님'이라고 부르는 격이므로 주의하도록 하자.

단어 및 표현

질의응답 시간	Q&A session
청중으로부터 질문을 받다	entertain/take questions from the floor, open the floor for questions
마이크를 전달하다	run the microphone
소속	affiliation
이름과 소속을 말하다	identify oneself, identify one's name and affiliation, state one's name and affiliation, refer to one's name and affiliation
질문에 답하다	answer questions

23

오찬을 시작하겠습니다

We will begin the luncheon

기본 표현

1 잠시 후 12시에 오찬을 시작하겠습니다.

The luncheon will begin promptly at 12.

2 연설 후 점심 식사가 제공될 예정입니다.

Lunch will be served after speech.

3 즐거운 오찬 시간 되십시오.

Please enjoy your meal and have a good time.

응용 표현 1

1 오래 기다리셨습니다. 이제부터 오찬을 시작하도록 하겠습니다.

Now we will begin the long-awaited luncheon.

2 오찬에 대해 안내 말씀을 드리겠습니다.

I would like to give some announcements about the luncheon.

3 2층 오키드룸에서 점심 도시락을 제공해드립니다.

Lunchbox will be served at the Orchid room on the 2nd floor.

4 테이블에 계신 분은 그 자리에서 식사하시면 됩니다.

Those sitting at tables may stay in this hall for luncheon.

5 오찬장은 3층에 위치한 그랜드볼룸입니다. 진행요원의 안내에 따라 이동해주시기 바랍니다.

Lunch will be served at Grand Ballroom located on the third floor. You may follow the direction of our staff.

응용 표현 2

1 오래 기다리셨습니다. 이제부터 편히 식사하시길 바랍니다. 모두 즐거운 시간 되십시오.

Ladies and gentlemen, now we will begin the long-awaited luncheon. I will now leave you to enjoy your meal. Hope you all have a great time.

2 테이블에 자리가 없으신 분은 2층에 있는 라일락룸에서 식사를 제공해드립니다.

I kindly ask those without a table to have their lunch at the Lilac room on the 2nd floor.

3 등록할 때 받으신 쿠폰에 표시된 장소에서 점심 식사가 제공될 예정입니다.

Lunch will be served in the areas that are marked on the coupon you received upon registration.

4 잠시 후 12시부터 주요 인사 오찬이 시작되겠습니다. 대표단 여러분은 진행요원의 안내를 받아 3층 VIP룸으로 이동해주시기 바랍니다.

The VIP luncheon will begin shortly at 12. Could the members of the delegates please follow our staff's guide to the VIP room on the 3rd floor?

5 점심 식사 후 1시 20분에 특별연설이 있으니 본회의장으로 다시 모여주시기 바랍니다. 점심 식사 맛있게 하시기 바랍니다.

After luncheon, please return to the main hall for the special speech at 1:20. Please enjoy your lunch.

6 오늘 오찬을 축하해주시기 위해 피아니스트 ○○○께서 특별히 참석하셨습니다. 오늘 쇼팽의 녹턴 20번을 들려드릴 예정입니다.

Pianist ○○○ is here to celebrate today's luncheon with us. Today, he will perform Chopin Nocturne No. 20.

7 저는 이만 물러나도록 하겠습니다. 즐거운 식사 시간 되시기 바랍니다. 감사합니다.

I will now leave you to enjoy your meal. Hope you all have a great time. Thank you very much.

TIPS

규모가 있는 국제회의에서는 세션 간에 진행되는 오찬 시에 본회의장 또는 VIP 오찬 장소에서 오찬연설 또는 특별연설이 있는 경우도 많다. 규모가 작은 기자간담회 등의 경우에는 주최 측의 발표와 질의응답 시간이 끝난 후 같은 장소에서 오찬이 제공되어 주최 측과 참석자 간 자유로운 정보 교환과 소통의 시간을 갖는다.

단어 및 표현

오찬, 점심 식사	luncheon, lunch
점심 도시락	lunchbox
(식사 등이) 제공되다	... is served
진행요원	staff
안내	guide
쿠폰, 식권	coupon, meal coupon/ticket
맛있게 드십시오	enjoy your meal

24

패널토론을 시작하겠습니다

We will have a panel discussion

기본 표현

1 잠시 후 패널토론 세션이 시작될 예정입니다.

Panel discussion will begin in a moment.

2 지금부터 패널토론을 시작하도록 하겠습니다.

We will now begin the panel discussion.

3 지금부터 토론을 시작하겠습니다.

We are open for discussion.

응용 표현 1

1 이제 오늘의 안건에 대해 토론하도록 하겠습니다.

We will now discuss today's agenda.

2 이제 본격적으로 패널토론을 시작하도록 하겠습니다.

Without further ado, we will begin the panel discussion.

3 그럼 지금부터 ABC를 주제로 패널토론 세션을 시작하겠습니다.

We will now begin the panel discussion under the theme of ABC.

4 의견이 다른 세 분의 전문가의 열띤 토론이 기대됩니다.

The debate will be the battle ground in which three experts with contradicting viewpoints engage in a fierce debate.

응용 표현 2

1 이상으로 첫 번째 세션을 마치고 지금부터 토론을 시작하겠습니다. 각 토론자에게는 10분의 시간을 드리겠습니다. 패널 여러분께서는 시간을 지켜주시기 바랍니다.

This concludes the first session. We will now start the panel discussion. Each panelist will be given 10 minutes. Please keep to the time limits.

2 시간이 부족한 관계로 패널 여러분께서는 요점만 간단히 말씀해주시면 감사하겠습니다.

As we are pressed for time, I would like to ask the panelists to comment briefly.

3 발표 내용에 대한 의견이 있으시면 기탄없이 말씀해주시기 바랍니다.

We appreciate any comments you may have on today's presentations.

4 발언 시간을 잘 지켜주신 패널 여러분께 감사드립니다. 이제 시간이 약 30분 남았는데, 추가 발언이 필요하시면 기탄없이 의견을 말씀해주시기 바랍니다.

I appreciate the panelists for keeping to the time limit. Since we still have 30 minutes before we close this session, we'd like to invite any comments that you may have.

5 이상으로 패널토론을 마치겠습니다. 뛰어난 통찰력으로 흥미로운 토론을 진행해주신 논객 여러분들께 감사드립니다.

This concludes the panel discussion. Thank you very much for your intriguing debate with insightful ideas.

TIPS

기조강연 및 발표 후에는 발표자들과 토론 발제자들이 한자리에 모여 회의 주제에 관한 패널토론을 하는 경우가 많다. 패널토론 방식에는 좌장이 사전에 준비한 질문을 토론자들에게 던지는 방식과 각 연사에게 지정된 토론 발제자가 질문을 던지는 방식이 있다. 연사가 발표할 때 시간이 부족해 청중의 질문을 받지 못한 경우 패널토론 시간에 한꺼번에 받기도 한다.

단어 및 표현

패널토론, 패널회의	panel discussion
열띤 토론	fierce debate
토론자	panelist
(발언 등의) 시간을 지키다	keep to the time limits
시간 부족으로	as we are pressed for time, due to time constraints
통찰력 있는	insightful
흥미로운	intriguing

25

휴식 시간을 갖겠습니다

We will take a break

기본 표현

1 이제 휴식 시간을 갖도록 하겠습니다.

It's time to take a break.

2 지금부터 15분간 휴식 시간을 갖겠습니다.

We will have a 15 minute break.

3 10시에 다시 시작하겠습니다.

We will resume at 10.

응용 표현 1

1 지금부터 15분간 휴식 시간을 갖도록 하겠습니다. 10시에 다시 모여주시기 바랍니다.

We will now take a break for 15 minutes and return at 10.

2 지금부터 20분간 휴식 시간을 갖고 11시 20분에 다시 모이겠습니다.

It's time to take a break. We will reconvene after 20 minutes, at 11:20.

3 지금부터 40분간 휴식 시간을 갖고 3시에 다시 시작하겠습니다.

We will have a 40 minute break and resume at 3 p.m.

4 지금부터 2시 30분까지 로비에서 커피 브레이크 시간을 갖도록 하겠습니다.

Now we will have a coffee break in the lobby until 2:30 p.m.

5 소지품은 분실 예방을 위해 반드시 개인 소지를 부탁드립니다.

Please make sure to keep your valuables with you all the time.

응용 표현 2

1 잠깐 쉬는 시간을 갖도록 하겠습니다. 10시 15분까지 본 회의장에서 다시 뵙겠습니다.

I hope you have a good time and see you back in this hall at 10:15.

2 휴식 후 2시 35분까지 회의장으로 다시 입장해주시기 바랍니다.

Please be seated by 2:35 p.m. for the next meeting after a rest.

3 회의장을 나가실 때 모든 소지품을 챙기셨는지 확인하시기 바랍니다.

Please make sure that you have all your belongings with you as you leave the room.

4 아름다운 전경을 감상하시고 3시까지 돌아와 착석해주시기 바랍니다. 자리를 떠나실 때에는 분실하는 물건이 없도록 콘퍼런스 가방과 태블릿 컴퓨터를 가져가시기 바랍니다.

Please take a look around the beautiful view outside and be back in your seats by 3 p.m. To prevent your belongings from getting lost, please make sure to take your conference bag and tablet computer with you when you leave the hall.

5 로비에 커피와 다과가 마련되어 있으니 잠시 휴식 시간을 가진 후 회의장으로 3시 45분까지 입장해주시기 바랍니다.

Coffee and refreshments are available in the lobby. Please enjoy a short break and return to the hall by 3:45.

6 그럼 로비에 다과가 마련되어 있으니 잠시 휴식 시간을 가진 후 4시에 다시 뵙도록 하겠습니다.

Please relax and enjoy the refreshments prepared for you in the lobby. We will resume at 4 p.m. so please be back in your seats by that time.

TIPS

국제회의 식순은 보통 개회식으로 시작해 기조연설, 발표, 패널토론, 폐회사로 마무리된다. 다음은 분과회의가 포함된 국제회의의 일반적인 식순의 예이다.

<table>
<tr><td colspan="2">등록 Registration</td></tr>
<tr><td colspan="2">개회식 Opening Ceremony</td></tr>
<tr><td colspan="2">개회사 Opening Speech/환영사 Welcome Speech</td></tr>
<tr><td colspan="2">축사 Congratulatory Speech</td></tr>
<tr><td colspan="2">사진 촬영 Group Photo</td></tr>
<tr><td colspan="2">오전 세션 Morning Session</td></tr>
<tr><td colspan="2">기조연설 1 Keynote Speech 1</td></tr>
<tr><td colspan="2">기조연설 2 Keynote Speech 2</td></tr>
<tr><td colspan="2">오찬 Luncheon</td></tr>
<tr><td colspan="2">분과회의 Breakout Sessions</td></tr>
<tr><td>Track A</td><td>Track A</td></tr>
<tr><td>발표 Presentation A-1</td><td>발표 Presentation B-1</td></tr>
<tr><td>발표 Presentation A-2</td><td>발표 Presentation B-2</td></tr>
<tr><td colspan="2">휴식 시간 Coffee Break</td></tr>
<tr><td colspan="2">패널토론 Panel Discussion</td></tr>
<tr><td colspan="2">폐회사 Closing Speech</td></tr>
</table>

단어 및 표현

휴식 시간	break
(회의 등을) 다시 시작하다	resume
다시 모이다	return, reconvene
소지품	belongings, valuables
다과	refreshments

26

표결을 실시하겠습니다

We will take a vote

기본 표현

1 이제 안건에 대한 표결을 실시하겠습니다.

We will now take a vote on the agenda.

2 이제 ABC에 대한 투표를 진행하겠습니다.

We will now conduct a vote on ABC.

3 투표가 종료되었습니다.

Voting is finished.

응용 표현 1

1 이번 세션에서는 총 2번의 실시간 투표를 진행하게 됩니다.

All participants will get to participate in two real-time votes during this session.

2 규약에 따라 찬성 X표, 반대 Y표로 안건이 승인/거부되었습니다. 이의가 있으신 회원은 말씀해주시기 바랍니다.

According to the voting rule, the agenda was approved/denied with X yeas and Y nays. Please let us know if there is any different opinion or comment.

3 투표 종료 10초 전입니다.

We have 10 more seconds.

4 투표에 참여해주신 분들께 감사 인사드립니다.

Thank you to all the participants who took part in the poll.

응용 표현 2

1 여러분은 토론을 들으시면서 설득력이 있는 토론자에게 실시간 온라인 투표를 해주십시오.

The audience will be the judge and cast their votes in real time to select the more convincing speaker in an online poll.

2 토론이 진행되는 동안 실시간 투표 결과를 확인하실 수 있습니다.

You will be able to see how your views change as the debaters present their views.

3 각 회원 국가별로 수석대표만 손을 들어 의견을 표해주시기 바랍니다.

Only the chief delegate of each member country can take a vote by raising a hand.

4 자, 연습 질문입니다. …면 A, …면 B를 눌러주세요. 30초 카운트가 시작됩니다. 쉽지만 선뜻 선택하기에는 고민되는 재미있는 질문이네요.

Now, let us try voting with a practice question. Please press A if you ... and press B if you ... The countdown for thirty seconds begins now. The question seems very simple, but it can be hard to choose one answer.

5 표결 결과, 찬성 30표, 반대 10표로 이 안건은 확정되었습니다.

With 30 yeas and 10 nays, the agenda was confirmed.

6 세션을 시작하기에 앞서 온라인 투표 방법을 안내해드리고자 합니다. 청중 여러분은 단상 위 스크린을 보시면서 제가 드리는 설명에 따라 투표를 미리 체험해보시기 바랍니다. 우선 태블릿 PC의 전원을 켜주십시오. 이용이 어려우신 분들은 장내 운영요원에게 도움을 요청하시기 바랍니다.

Before we begin this session, why don't we try voting online together? Please follow my instructions watching the main screen on the stage. Can we all turn on the tablet computer first? Our operational staff will be available to assist you if you have any problems using the voting system.

단어 및 표현

안건	agenda, item
찬성	yea
반대	nay
승인/찬성하다	approve
거부/반대하다	deny
온라인 투표	online poll/voting

27

회의를 마치겠습니다

This concludes today's meeting

기본 표현

1 이것으로 오늘 일정을 마치겠습니다.

This marks the end of today's programs.

2 이상으로 제1세션을 마치겠습니다.

This concludes Session 1.

3 이것으로 오전 일정을 마무리하겠습니다.

This wraps up our morning program.

응용 표현 1

1 이제 세션을 마치겠습니다.

We have now arrived at the end of our session.

2 이것으로 모든 회의 일정을 마치겠습니다.

This marks the end of all programs of the conference.

3 수고해주신 의장님과 발표자 여러분께 감사를 드립니다.

Thank you very much, moderators and speakers.

4 이상으로 오전 세션을 마치도록 하겠습니다. 수고해주신 ○○○ 박사님께 감사를 드립니다.

On this note, we will finish our morning session. Thank you very much, Dr. ○○○.

응용 표현 2

1 이상으로 총회를 모두 마치겠습니다. 다시 한번 모든 연사님과 내외 귀빈 여러분께 감사 인사드립니다.

This marks the end of the general assembly. Let me take this opportunity to once again express my deepest gratitude to all our speakers and distiguished guests.

2 끝까지 함께해주신 모든 참가자 여러분께 진심으로 감사의 말씀을 드리며, 유익한 시간이 되셨기를 바랍니다.

We would like to extend our sincere thanks to our guests and participants for staying with us until the end of this conference. We sincerely hope this conference was meaningful and stimulating for you.

3 내년 ○○차 회의에서 다시 뵙기를 기대하겠습니다. 감사합니다. 안녕히 돌아가십시오.

We hope to see you again next year at the ○○th conference. Thank you and good bye.

4 다시 한번 모든 참가자분들께 진심으로 감사드립니다. 안녕히 가십시오.

Again, we would like to express our deepest gratitude to all delegations and honored guests from home and abroad. Thank you. And good night.

5 퇴장 시에는 혼잡이 예상되오니 안내요원의 안내에 따라 이동해주시기 바랍니다.

It might be crowded on your way out. So, please follow our staff's guide.

TIPS

회의 말미에 경품 추첨 순서가 있는 경우가 더러 있는데, '경품'에 해당하는 사전적 대응어가 여러 가지 있지만 회의장에서의 경품 추첨은 'lucky draw'라고 하고 경품 당첨자는 'winner'라고 하는 것이 일반적이다. 다음과 같은 문장들을 익혀 두자.

- We will have a lucky draw.
- Everyone has the chance to win a free Android tablet.
- The prizes include one Android tablet, three smart phones, and ten earphones.
- Congrats to our Android tablet winners.

단어 및 표현

이 기회를 빌려 ~하다 Let me take this opportunity to ~

(회의 등을) 끝까지 함께해주어서, (발표 등을) 끝까지 경청해주어서 for bearing with us/me

퇴장 시 on one's way out

28

내일 일정을 안내해드립니다

Let me brief you on tomorrow's schedule

기본 표현

1 내일 일정에 대해 안내 말씀 드립니다.

I would like to tell you tomorrow's schedule.

2 내일 관광 일정을 다시 알려드립니다.

I'd like to remind you of tomorrow's tour program.

3 내일 관광 일정과 관련해 잠시 안내 말씀 드리겠습니다.

Let me brief you on tomorrow's tour program.

응용 표현 1

1 내일 있을 관광 프로그램과 관련해 안내 말씀 드립니다.

I'd like to give some announcements about tomorrow's tour program.

2 마지막으로 안내 말씀 드립니다. 금일 저녁 7시부터 이곳에서 초청 만찬이 진행될 예정입니다.

Before I wrap up, I have a few housekeeping notes to make. A dinner will be held for invited guests at 7 p.m. this evening in this hall.

3 끝으로 몇 가지 안내 말씀 드립니다. 내일 오전에 네트워킹 행사 'ABC'가 로터스룸에서 열립니다.

I would like to wrap up with some reminders. ABC, a networking event, is scheduled for tomorrow morning at the Lotus room.

4 내일 일정을 안내해드립니다. 내일은 라운드테이블 토의로 진행될 예정입니다.

I would like to brief you on tomorrow's agenda. Tomorrow will be a day of roundtable discussions.

응용 표현 2

1 잠시 후 6시에 1층 현관에서 버스를 이용해 출발할 예정입니다. 만찬 참석자들께서는 초청장과 명찰을 소지하고 버스에 탑승해주시기 바랍니다.

The shuttle bus for gala dinner departs at 6 p.m. from the lobby. For those of you joining the gala dinner, please bring your invitation card and name tags with you.

2 5시부터 저자 사인회가 있습니다. 저자와 좀 더 가까이에서 만나고 사인을 받을 수 있는 기회이니 놓치지 마시길 바랍니다.

There is a book signing of the author from 5 p.m. You can meet her more closely and it is a chance to get her book with signature. Please don't miss it.

3 또한 ABC를 한눈에 볼 수 있는 사진전과 홍보관을 열고 있으니 많은 관람 부탁드립니다.

We are also running a photo exhibition and a promotion hall to give you an overview of ABC. I hope you find them interesting.

4 코스 A와 코스 B에 참여하시는 참가자들께서는 9시까지 호텔 로비 입구에 나와주시면 되겠습니다. 자세한 사항은 인포메이션 노트를 확인해주십시오.

For those of you who are joining Course A and Course B, please come to the hotel lobby at 9:00. For more information, please check your information note.

5 아울러 한 가지 더 안내를 드리도록 하겠습니다. 시찰은 실외에서 진행되기 때문에 따뜻한 옷차림으로 참석해주시기 바랍니다.

There's one more thing that I would like to announce. Please wear warm clothes since the inspection will be held outside.

6 내일 일정에는 야외 활동이 많으니 캐주얼 복장과 편한 신발을 착용해주시기 바랍니다.

Please wear casual, comfortable clothes and shoes as we will have lots of outdoor activities tomorrow.

7 편안한 마음으로 한국의 멋과 미를 즐기면서 아름다운 추억을 만들어가시기 바랍니다. 감사합니다.

Make wonderful memories as you relax and enjoy the style and grace of Korea. Thank you.

TIPS

'회의'에 해당하는 영어는 그 성격과 규모에 따라 다양하게 표현할 수 있다. 일반적으로 여러 단체의 대표급들이 모이는 회의는 'congress', 일반 청중들이 참석하는 국제회의급의 대규모 회의는 'conference', 일반적인 비즈니스 미팅은 'meeting', 일대일로 하는 미팅은 'one-on-one meeting', 기자회견은 'press conference', 소규모의 기자간담회는 'press meeting', 기자와 일대일로 하는 인터뷰는 'one-on-one interview'라고 한다.

단어 및 표현

일정	schedule, program, agenda
관광 일정	tour program
만찬	gala dinner, welcome dinner, official dinner, farewell dinner
전시회를 열다	run an exhibition
야외 활동	outdoor activity

29

만찬을 시작하겠습니다

We will begin the gala dinner

기본 표현

1 지금부터 만찬을 시작하도록 하겠습니다.

Now, I'd like to begin the gala dinner.

2 지금부터 ○○○ 주최 공식 만찬을 시작하도록 하겠습니다.

Now, I'd like to begin the official dinner for the meeting hosted by ○○○.

3 회장님의 건배 제의가 있겠습니다.

The president will propose a toast.

응용 표현 1

1 이상으로 공식 행사를 마치고 만찬을 시작하도록 하겠습니다.

With this, the official program prepared for this official dinner is over. Now, we will have dinner.

2 참석하신 여러분의 건승과 행복을 기원하며, 건배하겠습니다.

I'd like to propose a toast for your success and happiness.

3 즐거운 식사 시간 되시기 바랍니다. 감사합니다.

Please enjoy the dinner. Thank you.

4 정성껏 준비한 음식이 잘 맞으셨는지요?

I hope you enjoyed the dinner that we prepared for you.

응용 표현 2

1 만찬에 앞서 회장님의 만찬사가 있겠습니다.

Before we start the gala dinner, we will invite the president for his dinner speech.

2 이틀간의 바쁜 회의 일정을 소화하시느라 수고 많으셨습니다. 먼저 회장님의 환영사와 건배 제의가 있겠습니다. 회장님께서는 무대 위로 올라와주시기 바랍니다.

It has been a busy two days for all of us. Now, the president will give a welcome speech and propose a toast. Mr. President, would you kindly come up to the stage?

3 귀빈 여러분께서는 앞에 있는 잔을 채워주시기 바랍니다.

Ladies and gentlemen, please fill up your glasses.

4 이어서 회장님께서 이번 총회에 참석하신 귀빈 여러분께 감사의 뜻을 담은 기념 선물을 드리겠습니다.

Next, the president will present gifts to the guests of honor as a token of our gratitude.

TIPS

한국에서는 식사와 관계된 인사말을 많이 주고받는다. 이때 한국어에서는 '식사 맛있게 하셨습니까?'와 같이 주로 의문형으로 이를 표현한다. 영어에서는 'Did you enjoy the dinner?'처럼 한국어와 같이 의문형으로 표현할 수도 있지만, 그보다는 'I hope you enjoyed the dinner'와 같이 평서형으로 표현하는 것이 자연스럽다.

단어 및 표현

건배를 제의하다	propose a toast
잔을 채우다	fill up one's glasses
감사의 뜻으로	as a token of gratitude
선물을 증정하다	present gifts

30

○○의 공연을 시작하겠습니다

Let's watch a performance by ○○

기본 표현

1 지금부터 ○○ 공연을 시작하겠습니다.

We will watch a performance of ○○.

2 이번에는 특별 공연을 감상하시겠습니다.

We are pleased to present a special performance.

3 다음으로 공연해주실 ○○를 환영해주십시오.

For our next performance, please join me in welcoming ○○.

응용 표현 1

1 이번 공연은 ○○가 준비해주셨습니다.

We are pleased to present a performance by ○○.

2 다음은 유쾌한 난타 공연으로 이 밤을 더욱 아름답게 해줄 분들을 소개해 드리겠습니다.

Now, I'd like to present to you "Nanta" highlight that will make this night more beautiful with delightful music and dance.

3 멋진 공연이었습니다. 큰 박수 부탁드립니다.

What a performance! Please give the performance team a big hand.

4 오늘 공식 만찬은 여기서 모두 마치겠습니다.

We will end our dinner program now.

응용 표현 2

1 오늘 오찬을 축하하기 위해 와주신 와글와글 합창단을 소개합니다.

Ladies and gentlemen, let us invite forward Hullabaloo Choir who came all the way to celebrate today's luncheon with us.

2 오늘 여러분께 들려드릴 노래는 A, B, C 세 곡입니다. 따뜻한 박수로 맞아주시기 바랍니다.

Today, they will sing three songs, A, B, and C. Please welcome them with a big round of applause.

3 앞서 보신 공연은 ABC라는 테마로 구성된 공연이었습니다.

The performance you just enjoyed was under the theme of ABC.

4 ○○가 참가자들의 기부금을 받을 단체로도 선정되어 오늘 무대가 더욱더 뜻깊습니다.

It is all the more meaningful that ○○ has been chosen to be awarded the participants' donation.

5 난타는 한국 전통 가락인 사물놀이 리듬으로 주방에서 일어나는 일들을 코믹하게 구성한 타악 공연입니다.

Nanta is a drum performance that integrates Korea's traditional rhythm, *samulnori*, with comedy in the kitchen.

6 네, 멋진 공연을 보여주신 난타팀에게 다시 한번 박수 부탁드립니다.

Well, thank you, please join me in giving Nanta team a warm around of applause.

TIPS

국제회의 폐회식이나 만찬 행사에서는 공연을 선보이는 경우가 많다. 공연 유형으로는 회의 성격과 분위기에 따라 퍼포먼스 공연, 비보이 공연, 케이팝 공연, 국악 공연, 클래식 공연 등 다양하다. 국악 공연의 경우 공연의 종류나 악기가 외국인들에게 생소하기 때문에 한국어 명칭과 더불어 이를 간략히 영어로 설명해줄 필요가 있다.

- *geomungo*, six-stringed Korean zither 거문고
- *gayageum*, twelve-stringed Korean zither 가야금
- *haegeum*, Korean fiddle 해금
- *daegeum*, large transverse bamboo flute 대금
- *sogeum*, small transverse bamboo flute 소금
- *danso*, short bamboo flute 단소
- *janggu*, hourglass drum 장구
- *kkwaenggwari*, small gong 꽹과리
- *jing*, large gong 징
- *samulnori*, traditional percussion quartet 사물놀이

단어 및 표현

특별 공연	special performance
공식 만찬	gala dinner, dinner program
합창단	choir
기부금	donation
타악 공연	drum performance

2부

진행 사례

총회

환영 및 도입

존경하는 회원 여러분,
확인 결과 의사정족수가 확보되었습니다. 이에 국제○○협회의 XX차 총회를 개회하겠습니다. 현 회장의 자격으로 차기 회장 선출 전까지 의장직을 맡아 진행하겠습니다.

회장 선출

저희 협회의 여러 회원께서 차기 회장으로 A 씨를 추천해주셨습니다. 국제○○협회의 제XX회 회장으로 A 씨의 선출에 동의하시면 지금 투표 기기를 사용해 투표해주시기 바랍니다.

(투표)

감사합니다. XXX개의 찬성표를 받은 A 씨가 국제○○협회의 제 XX회 회장으로 선출되었습니다. 이제 신임 회장께서 XX차 총회의 의장으로 이후 회의를 진행하시겠습니다.

(신임 회장이 총회 의장으로 이후 회의 진행)

General Assembly of Congress

Welcome and Introduction

Ladies and Gentlemen,
After the roll call, we have confirmed that the quorum was reached. Therefore, we will now begin the General Assembly of the XXth Congress of the International Association of ○○. As current chairman, I will chair the session until the election of the next chairperson.

Election of the Chairperson

We have received the nomination of Mr. A from several members of our association. If you agree to vote Mr. A as the XXth Chairman, please use the voting device to vote.

(Voting)

Thank you for your votes. With XXX number of votes, Mr. A has been elected as the XXth Chairman of the International Association of ○○.
I now hand the chair over to Mr. A to officially chair the XXth Congress.

(New chairperson chairs the remainder of the session.)

회장직 수락 연설과 총회 개회 선언

제XX차 총회의 회장으로 선출해주신 회원님들에게 진심으로 감사드립니다. 여러분의 신임과 지지를 받게 된 것을 큰 영광과 기쁨으로 생각합니다. 집행위원회의 지원과 조언을 받아 최선을 다해 오늘 저에게 맡겨주신 임무를 다 하도록 노력하겠습니다.
또한 지난 XX년간 회장으로서 협회를 훌륭하게 이끌어주시고 헌신해주신 B 씨께 이 기회를 빌려 특별히 감사의 말씀을 전하고 싶습니다. 감사합니다.
이제, 국제○○협회의 제XX차 총회의 개회를 선언합니다.

임원 임명

총회 전에 개최된 집행위원회 회의에서 사무국장직에 C 씨, 그리고 재무총장직에 D 씨가 임명을 받았고 두 분 모두 수락해주셨습니다. 이에 이 두 분을 사무국장과 재무총장으로 임명하겠습니다.

총회 의제 채택

총회의 첫 안건은 의제 승인과 채택입니다. 여러분들께 이번 총회 안건들이 의제로 제안되었습니다.
제안된 의제 초안에 대한 수정 안건이 있으시면 제안해주시기 바랍니다. 수정 제안이 없으시면, 현 초안의 채택을 결의해주시기 바랍니다.

(투표)

Acceptance Speech of New Chairperson & Declaration of the Congress

I would like to express my sincere gratitude to the members of the XXth Congress for electing me as Chairperson. I am very honored to receive your confidence and support. With the assistance and guidance of the members of the Executive Committee, I will strive to do my utmost to be worthy of the role you have entrusted in me.
I would also like to take this opportunity to extend my heartfelt thanks to Mr. B who has served this association as Chairman for the past XX years, with competence and dedication. Thank you.
And now, I officially declare the General Assembly of the XXth Congress of the International Association of ○○ in session.

Appointment of Officers

Following the meeting of the Executive Committee earlier, Ms. C was nominated as Secretary and Mr. D also received a nomination as Treasurer. Both nominees have kindly accepted the nominations. Therefore, Ms. C is appointed as Secretary and Mr. D is appointed as Treasurer.

Approval of the Agenda

The first item of our agenda is the approval and adoption of the agenda. You have in front of you the proposed agenda for our congress.
Are there any motions to amend the proposed agenda? If there are no motions for amendments, we will now take a vote to adopt the proposed agenda.

(Voting)

감사합니다. 이번 총회의 의제가 승인되고 채택되었습니다.

지역 총회 결과 보고

이제 각 지역 총회 대표들께서 해당 지역의 주요 안건들에 대해 지역 총회 보고를 전달해주시겠습니다.
먼저 E 대표께서 ○○ 지역 총회의 결과 보고를 해주시겠습니다.

(발표)

분과위원회 보고

지역 총회의 결과 보고 감사드립니다.
그러면 이제 각 분과위원회 대표들께서 전 총회 이후 현재까지의 각 위원회 활동에 대해 보고하고 앞으로 진행될 활동 계획 및 목표에 대해 발표해주시겠습니다.

(발표)

신규회원 가입 신청

하기 기관들로부터 협회 가입 신청을 받았습니다.

(가입 후보자 목록)

Thank you. The agenda for the congress has been approved and adopted.

Report by Regional Chapters

We will now listen to the presentation of the representatives of the Regional Chapters to gain an understanding of the various issues facing each of the member organizations.
I would first like to introduce Ms. E to begin this series of presentations with the report of the ○○ Region.

(Presentations)

Report of Committees

Thank you for the regional presentations.
And now, I would like to invite the committee chairs to report on the activities conducted from XXXX (timing of previous congress) by each of the committees and also present to us future projects and goals.

(Presentations)

Membership Applications

We have received applications for membership from the following organizations.

(List of applicants)

이제부터 F 씨의 정회원 가입에 대한 투표를 진행하겠습니다.
투표기를 사용해 찬성이나 반대, 기권 의사를 표시해주시기 바랍니다.

(찬성/반대/기권 투표)
(남은 후보들에 대해 결의)

차기 총회 개최지 추천

여러분께서도 아시다시피, 차기 XX차 총회의 개최지에 대한 추천 및 제안을 받아왔습니다. 감사하게도 MNO 지역에서 아름다운 PQR시에서 차기 총회를 개최하겠다고 신청해주셨습니다. 다른 추천 혹은 제안이 없으시면 PQR시의 차기 총회 개최에 대한 투표를 진행하겠습니다.

(투표)

감사합니다. MNO 지역의 PQR시가 차기 총회 개최지로 정해졌습니다.

폐회

회원 여러분, 저희 총회 의제의 모든 안건을 다루었습니다. 총회의 의사록 초안이 준비되면 여러분들께 배포될 것이니 추가 제안이나 의견이 있으시면 총회 기간 동안 서면으로 제출해주시기 바랍니다. 모든 내용을 취합하고 검토한 뒤 적절한 통로를 통해 회신해드리도록 하겠습니다.
이것으로 국제○○협회의 XX차 총회의 폐회를 선언합니다.

We will now conduct a vote on the admission of Mr. F as full member. Please use your voting devices to vote for, against or to abstain.

(Vote for/Vote against/Abstain)

(Repeat for remaining applicants)

Nomination for Hosting the Next Congress

As you know, we have been receiving nominations and proposals for the hosting of the XXth Congress. We have received a wonderful invitation from the MNO Chapter to host the next congress in the beautiful city of PQR. If there are no other nominations or proposals, we will go ahead with the voting.

(Voting)

Thank you, MNO Chapter. The vote results show that you are to host our next congress in PQR.

Closing

Ladies and gentlemen, we have now dealt with all the items on our agenda. The minutes of this General Assembly will be drafted and provided to you for review, so that you may provide us with any written comments during the period of the congress. After collecting and reviewing your comments, we will respond through the appropriate channels.

With this I would like to officially close the General Assembly of the XXth Congress of the International Association of ○○.

콘퍼런스

여러분께 안내 말씀 드립니다. 잠시 후 9시부터 그랜드볼룸에서 'IoT 코리아 2015' 행사가 진행될 예정이니 로비에 계신 내빈 여러분께서는 홀 안으로 이동해 착석해주시기 바랍니다.

다시 한번 안내 말씀 드립니다. 잠시 후 9시에 그랜드볼룸에서 'IoT 코리아 2015' 행사가 진행될 예정입니다. 외부에 계신 내빈 여러분께서는 홀 안으로 이동해 착석해주시기 바랍니다.

금일 콘퍼런스는 동시통역이 제공되오니 자리에 놓인 통역 수신기를 이용해주시기 바랍니다. 통역 수신기 채널을 한국어는 1번, 영어는 2번에 맞춰주십시오. 장내에 계신 내빈 여러분께서는 행사의 원활한 진행을 위해 핸드폰은 꺼주시거나 진동 모드로 전환해주시기 바랍니다.

등록데스크에서 배부받으신 자료집에는 오늘 회의에 대한 설문지도 포함되어 있습니다. 설문지를 작성해 나가실 때 안내데스크에 제출해주시면 감사하겠습니다.
지금 귀빈들께서 입장하십니다. 큰 박수로 환영해주시기 바랍니다.

(오프닝 영상)

여러분, 안녕하십니까.
'한국 IoT의 혁신'을 주제로 개최되는 'IoT 코리아 2015'에 참석해주신 여러분께 진심으로 감사드립니다.

Conference

May I have your attention, please. The IoT Korea 2015 will begin shortly at 9 a.m. in the Grand Ballroom. May I ask all guests in the lobby to enter the hall and be seated.

Once again, may I have your attention, please. The IoT Korea 2015 will begin shortly at 9 a.m. in the Grand Ballroom. May I ask all guests in the lobby to enter the hall and be seated.

Simultaneous interpretation is provided during this conference. Please use the interpretation receiver that is placed at each seat. Please tune the receiver to channel 1 for Korean, and 2 for English. To minimize disruptions, we ask you to kindly turn your mobile phones off or into vibrate mode.

The information packet you've received from the registration desk includes a questionnaire on today's conference. Please fill out the questionnaire and return it to the registration desk as you leave.
The VIPs are entering the hall. Please join me in welcoming them with a big round of applause.

(Video clip)

Good morning, ladies and gentlemen.
I would like to extend my sincere gratitude to everyone present for participating in the IoT Korea 2015, which is held under the theme of "Korea's IoT Revolution".

저는 오늘 사회를 맡은 아나운서 김이화입니다. 한국 IoT 발전 현황을 파악하고 전망을 모색하기 위한 이 자리에 함께하게 되어 큰 영광으로 생각합니다.

먼저 오늘 행사 진행 순서에 대해 안내해드리겠습니다. 오늘 김한오 한국 IoT 협회장님의 개회사를 시작으로 'IoT 어워드 코리아 2015' 시상식, 두 분의 연사의 기조강연순으로 오전 세션을 진행합니다. 이어서 오찬 후 오후 세션 발표를 들은 뒤 패널토론을 끝으로 오늘 행사를 마무리하겠습니다.

오늘 참석해주신 내빈 여러분을 소개드리겠습니다. 바쁘신 와중에도 많은 내빈 여러분께서 자리를 함께해주셨습니다. 먼저 이번 행사를 주최한 한국 IoT 협회의 김한오 협회장님 오셨습니다. 미국 웹전문가 협회의 존 웹스터님, 미래창조과학부 이구한 차관님도 와주셨습니다.

또한 첫 번째 기조강연을 맡아주실 스탠퍼드대학교의 데이비드 러셀 교수님께서 와주셨습니다. 두 번째 기조강연을 맡아주실 MIT대학교의 주드 하퍼 교수님께서도 참석하셨습니다. 그 외에도 많은 분들께서 와주셨지만 시간 관계상 모두 소개해드리지 못하는 점 양해 바랍니다. 다시 한번 자리해주신 내빈 여러분께 깊이 감사드립니다.

이어서 'IoT 코리아 2015'의 시작을 알리는 개회사가 있겠습니다. 개회사는 김한오, 한국 IoT 협회장님께서 해주시겠습니다. 큰 박수로 환영해주십시오.

I am announcer Ewha Kim. I will be your emcee today. It is a great honor for me to participate in this conference where we are gathered together to understand the current status and outlook of Korea's IoT evolution.

First, I would like to brief you on today's agenda. To kick off the conference, Han-oh Kim, Chairman of Korea IoT Association, will give his opening remarks. We will then hold the IoT Award Korea 2015, which will be followed by two keynote speeches. After the morning session is concluded, we will have luncheon. More presentations are scheduled for the afternoon session. After listening to all presentations, we will wrap up the day with a panel discussion.

Now, I'd like to introduce our special guests, who have took time out of their busy schedules to be here with us today. We are joined by Mr. Han-oh Kim, Chairman of Korea IoT Association, Mr. John Webster, from the US Web Association, and Mr. Guhan Lee, Vice Minister of Science, ICT and Future Planning.

We also have Professor David Russell from Stanford University with us, who will be delivering the first keynote speech, and Professor Jude Harper from MIT University, who will give the second keynote speech for us. We ask for your understanding that we were not able to introduce all our guests due to time constraints. Once again, I would like to express my deepest gratitude to the guests for your presence.

Now to kick off the conference, I'd like to invite Han-oh Kim, Chairman of Korea IoT Association for the opening address. Please give a warm round of applause.

[개회사]

안녕하십니까, 한국 IoT 협회장 김한오입니다.
오늘 바쁘신 데도 불구하고 IoT 코리아 2015에 참석해주신 모든 분들께 감사의 인사를 드립니다. 특히 이번 콘퍼런스의 기조강연을 위해 멀리 해외에서 와주신 스탠퍼드대학교의 데이비드 러셀 교수님과 MIT대학교의 주드 하퍼 교수님, 그리고 국내 발표자이신 한솔 IoT의 김한솔 상무님, 이화전자의 이한길 이사님께 깊이 감사드립니다.
2015년의 화두는 단연 사물인터넷, IoT입니다. 바야흐로 사람, 사물, 공간, 데이터가 연결되는 초연결 사회가 도래했습니다. 새로운 신성장 동력으로 부상한 사물인터넷 시장은 전 세계 1조 달러 이상의 경제 효과를 창출할 것으로 기대되고 있습니다.
따라서 사물인터넷을 통해 현재의 IoT 구도를 파악하고 미래의 동향을 예측하고 준비를 하는 것은 매우 중요한 일입니다. 이를 위해 사물인터넷에 대한 인식 제고와 함께 제도적 지원이 필요합니다.
아무쪼록 이번 콘퍼런스에서 활발한 의견 교환을 통해 사물인터넷 산업을 활성화하고 대국민의 인식 제고에 기여하는 계기가 되기를 희망하는 바입니다. 다시 한번 오늘 참석해주신 모든 분들에게 감사드립니다.

협회장님, 개회사 감사합니다. 이어서 미래창조과학부 이구한 차관님의 축사를 청해 듣겠습니다. 큰 박수로 환영해주십시오.

[축사]

안녕하십니까, 미래창조과학부 차관 이구한입니다.
먼저 초연결 시대의 미래 발전 방향을 논하는 'IoT 코리아 2015'에 초대해주신 김한오, 한국 IoT 협회장님께 감사의 말씀 드립니다. 그리고 오늘 좋은 말씀을 해주시

[Opening Remarks]

Good morning. I am Han-oh Kim, Chairman of Korea IoT Association. I'd like to extend my deepest gratitude to all of you for coming here despite your busy schedules. I'd like to express my thanks to our keynote speakers, Professor David Russell from Stanford Univeristy and Professor Jude Harper from MIT University, who traveled long distances to be here with us today. My thanks also go to our Korean speakers, Hansol Kim, Managing Director at Hansol IoT and Director Hangil Lee from Ewha Electronics.

The buzzword of the year 2015 is IoT, the internet of things. With the advent of the era of hyperconnectivity, where people, things, space, and data are inextricably linked, the market for IoT, a new growth engine, is expected to create more than 1 trillion dollars of economic impact around the world.

Thus, it is important to understand the current IoT landscape and forecast future trends in IoT. This requires awareness building on IoT and institutional support.

I hope that today's vibrant discussions contribute to building awareness on IoT and creating a dynamic IoT industry in Korea. Once again, I would like to extend my thanks to everyone. Thank you.

Chairman Kim, thank you for the opening speech. Now, we will invite Guhan Lee, Vice Minister of Science, ICT and Future Planning for his congratulatory remarks. Please give a big hand.

[Congratulatory Remarks]

Good morning, I am Guhan Lee, Vice Minister of Science, ICT and Future Planning.

First, I would like to express my sincere gratitude to Han-oh Kim,

기 위해 멀리서 와주신 데이비드 러셀 교수님과 주드 하퍼 교수님께도 깊은 감사를 드립니다.
사물인터넷은 이미 세계적인 동향으로 자리 잡았습니다. 글로벌 IT 기업들은 사물인터넷에 기반한 제품과 서비스를 출시하고 있습니다. 그러나 아직 지배적인 플랫폼이 자리 잡지 못한 채 개별 제품으로 소비자에게 제공되고 있을 뿐입니다. 포스트 스마트폰 시대에서는 사물 간 연동에 있어서 가장 중요한 역할을 하는 것이 플랫폼이라는 점을 염두에 둘 때 플랫폼 점유율 1위를 향한 다각적인 노력이 시급하다고 하겠습니다.
정부에서도 이를 위해 기업과 연구소에 다각적인 지원을 하고 있으며, 이러한 노력의 일환으로 최근 9개 IoT 연구기관과 MOU 협약을 체결한 바 있습니다. 오늘 회의를 통해서도 좋은 의견이 수렴되어 향후 IoT 발전 방향의 초석이 되기를 기대하는 바입니다.
다시 한번 참석자 여러분께 감사드리며, 건강과 행복이 가득하시길 기원하겠습니다. 감사합니다.

이구한 차관님, 축사 감사합니다.
다음은 한국 IoT 발전에 기여한 분들을 포상하는 'IoT 어워드 코리아 2015' 시상식을 진행하겠습니다. 시상은 김한오, 한국 IoT 협회장님께서 해주시겠습니다. 협회장님께서는 연단으로 올라와 주시기 바랍니다. 수상자로 호명되시는 분은 무대 위로 올라와 주시기 바랍니다.

대상. 이화전자 김이화 연구원님!
이화전자 김이화 연구원님은 그동안 혁신적인 IoT 기기인 '이화 커넥티드' 개발로 IoT 산업 발전에 기여하셨습니다.

"대상,
귀하는 대한민국 IoT 기술 발전에 크게 기여하였기에 본 상을 수여합니다.

Chairman of Korea IoT Association, for inviting me to IoT Korea 2015. My special thanks also go to Professor David Russell and Professor Jude Harper for traveling long distances to share their view with us today.

Distinguished guests, IoT has already emerged as a global trend. Global IT companies are launching a variety of IoT products and services. However, the IoT products and services in the market are offered devoid of a dominant platform. In the post smart phone era, platform plays a key role in connecting things. Having this in mind, we need to employ various measures to build a dominant platform.

The government is committed to providing assistance to businesses and research institutes. As part of such efforts, we have recently signed MOU with 9 IoT research centers. I hope today's discussions bear fruitful results for facilitating growth and innovation in IoT.

Once again, I would like to express my heartfelt gratitude to everyone and wish you health and happiness. Thank you for your attention.

Thank you, Vice Minister Guhan Lee, for the congratulatory remarks.

We will now begin the IoT Award Korea 2015 ceremony. The IoT Award Korea 2015 recognizes the pioneers of Korea's IoT development. To help present the awards, we welcome to the stage Han-oh Kim, Chairman of Korea IoT Association. Now I will announce the recipients of the awards. When your name is heard, please come up to the stage.

The winner of the Grand Prize. Ewha Kim from Ewha Electronics!

Ms. Ewha Kim from Ewha Electronics has contributed to the advancement of new IoT technology by designing Ewha Electronic's new and innovative IoT device, "Ewha Connected", and has been deemed worthy of special recognition.

"Grand Prize,

We hereby express our sincere appreciation to Ewha Kim for your lasting

2015년 12월 5일, 한국 IoT 협회장 김한오"

큰 박수로 축하해주시기 바랍니다.

(중략)

마지막으로 수상자분들의 기념 촬영이 있겠습니다. 수상하신 분들께 다시 한번 축하드립니다.

이상으로 'IoT 어워드 코리아 2015' 시상식을 모두 마치도록 하겠습니다. 이어서 'IoT 코리아 2015' 기조강연을 시작하겠습니다. 첫 번째 기조강연자는 스탠퍼드대학교의 데이비드 러셀 교수님이십니다. 기조강연 제목은 '손 끝에 IoT'입니다. 큰 박수로 환영해주시기 바랍니다.

(기조강연 1)

강연 잘 들었습니다. 혹시 질문이 있으면 받도록 하겠습니다. 질문이 있으면 손을 들어주십시오. 저희 직원이 마이크를 가져다 드리겠습니다. 그리고 질문하시기 전에 성함과 소속을 먼저 밝혀주시기 바랍니다.

[질의응답]

질문: 저는 대현테크에서 온 이대현입니다. 유익한 강연 잘 들었습니다. 특히 세계 IoT 시장 개요가 흥미로웠는데, 중국 시장에 대해서 조금 더 자세히 설명해주시겠습니까?

답변: 좋은 질문 감사합니다. (중략)

좋은 강연을 해주신 러셀 교수님께 큰 박수 부탁드립니다. 다음 기조강연을

contribution to the advancement of Korea's IoT development.
December 5th, 2015, Han-oh Kim, Chairman of the Korea IoT Association."

Please give her a big round of applause.

(...)

We will finish the ceremony with a photo session. Congratulations again to the awardees.

This concludes the IoT Award Korea 2015. Next, we will continue with the keynote speech. The first speaker is Professor David Russell from Stanford University. His presentation is titled, "IoT at Your Fingertips". Please welcome Mr. David Russell with a warm round of applause.

(Keynote speech 1)

Thank you for your speech. Now we will take questions from the floor. If you have questions, please raise your hands. Then our staff will bring the microphone to you. And please state your names and affiliations before you ask questions.

[Q&A Session]

Question: I am Daehyun Lee from Daehyun Tech. Thank you for your instructive presentation on the global market landscape. I wonder if you could elaborate on China's IoT market.

Answer: I'm glad you asked that question. (...)

Please give Professor Russell a big hand for his informative speech. We

준비하는 동안 10분간 휴식 시간을 갖겠습니다. 다음 세션은 10분 후인 11시 10분에 시작하도록 하겠습니다.

(중략)

이어서 두 번째 기조강연을 시작하겠습니다. 그러면 두 번째 기조강연자이신 MIT대학교의 주드 하퍼 교수님을 무대로 모시겠습니다. 큰 박수로 환영해주시기 바랍니다.

(기조강연 2)

감사합니다. 그러면 질문을 받도록 하겠습니다. 질문이 없으시면 이상으로 이번 순서를 마치도록 하겠습니다. 좋은 강연을 해주신 주드 하퍼 교수님께 큰 박수 부탁드립니다.

이것으로 오전 세션을 마치고 오찬을 시작하겠습니다. 도시락이 각자의 자리로 서빙될 예정이니 점심 식사는 앉아 계신 자리에서 편하게 하시면 되겠습니다. 오후 세션은 오후 1시부터 시작하니 시간에 맞춰 장내 착석을 완료해주시면 감사하겠습니다. 즐거운 점심 식사 시간이 되시길 바랍니다. 감사합니다.

(중략)

잠시 후 오후 세션을 시작할 예정이니 참석자들께서는 착석해주시기 바랍니다.

모두 점심 식사 맛있게 하셨는지요? 오전의 기조강연에 이어 오후 프로그램을 시작하도록 하겠습니다. 오후 세션 첫 번째 발표자를 소개해드리겠습니다.

will now have a 10 minute break until the next keynote speech. The next session will resume after 10 minutes, at 11:10.

(...)

We will continue with the second keynote speech. I would like to invite our next speaker, Professor Jude Harper from MIT, to the podium. Please welcome him with a big round of applause.

(Keynote speech 2)

Thank you. Now we will take questions from the floor. If there is no question, then we will conclude the session. Please give a big round of applause to Professor Jude Harper for his wonderful speech.

Now we will conclude the morning session and begin the luncheon. Lunchbox will be served to your seat, so please enjoy your meal at your tables. The afternoon session will begin at 1 p.m. We cordially ask all participants to return to your seats by 1 p.m. Please enjoy your meal and have a good time. Thank you.

(...)

We are about to begin our afternoon session. We kindly ask all participants to return to your seats.

I hope you enjoyed your meal. We will now begin our afternoon program. Let me introduce the first speaker for the afternoon session. The first

첫 번째 발표는 'IoT가 불러온 생활 속 혁신'이라는 제목으로 한솔 IoT의 김한솔 상무님께서 해주시겠습니다. 큰 박수로 환영해주시기 바랍니다.

(발표)

감사합니다. 그러면 질문을 받도록 하겠습니다. (중략) 더 이상 질문이 없으시면 이상으로 이번 순서를 마치도록 하겠습니다. 좋은 강연을 해주신 김한솔 상무님께 다시 한번 큰 박수 부탁드립니다.
다음 발표는 'IoT 기술 발전 동향'을 주제로 이화전자의 이한길 이사님께서 해주시겠습니다. 큰 박수로 환영해주시기 바랍니다.

(발표)

감사합니다. 그러면 질문을 받도록 하겠습니다. (중략) 질문이 없으시면 이상으로 이번 순서를 마치도록 하겠습니다. 좋은 강연을 해주신 이한길 이사님께 다시 한번 큰 박수 부탁드립니다.
이상으로 오후 세션의 발표를 마치고 3시 30분까지 20분간 커피 브레이크 시간을 갖도록 하겠습니다. 아울러 설문지를 작성하셔서 금일 콘퍼런스 종료 후 등록데스크에 제출해주시면 감사하겠습니다.

(휴식)

잠시 후 패널토론을 시작할 예정이오니 참석자들께서는 착석해주시기 바랍니다.

지금부터 패널토론을 시작하겠습니다. 본 세션은 구요한 박사께서 좌장을 맡아주시겠습니다. 큰 박수로 환영 부탁드립니다.

speaker is Managing Director Hansol Kim from Hansol IoT. The title of his presentation is "Innovation in Everyday Life Presented by IoT". Please welcome him with a big round of applause.

(Presentation)

Thank you. We will now take questions. (...) If there is no further question, we will conclude this session. Please give Mr. Hansol Kim a warm round of applause for his insightful presentation.
Our next speaker is Director Hangil Lee from Ewha Electronics. Director Lee will give a talk entitled, "Current Trend in IoT Technology Development". Please give him a big hand.

(Presentation)

Thank you. Now we will take questions. (...) If there are no further questions, we will end this session. Please give Director Lee a big round of applause.
This marks the end of our afternoon presentations. Now we will have a coffee break for 20 minutes until 3:30 p.m. Also, please fill out the questionnaire and submit it to the registration desk after the conference.

(Break)

Panel discussion will begin in a moment. We kindly ask all participants to return to your seats.

We will now begin the panel discussion. This session will be moderated by Dr. Yohan Gu. Please welcome him with a big round of applause.

오늘 이렇게 멋진 패널들을 모시고 토론을 하게 되어 영광입니다. 제 오른쪽에 계신 분은 오전 기조강연을 해주신 데이비드 러셀 교수님, 오른쪽 끝에 계신 분은 박정환 EH전자 이사님이십니다. 제 왼편에 계신 분은 한국 IT 협회 김대현 이사님, 그리고 왼쪽 끝에 계신 분은 김한세 두 미디어 사장님이십니다.

먼저 패널토론 진행에 관해 간략하게 설명드리겠습니다. 우선 패널들의 의견을 들어보도록 하겠습니다. 각 패널에게는 5분씩 발언 기회를 드리겠습니다. 발언 이후에는 서로 자유롭게 의견 교환을 하는 시간을 갖고 마지막으로 청중 질의를 받도록 하겠습니다. 러셀 교수님부터 말씀해주시겠습니까?

(중략)

지금부터는 청중으로부터 질문을 받도록 하겠습니다. 질문이 있으신 분은 자리에서 손을 들어주시면 마이크를 전달해드리도록 하겠습니다. 질문을 하실 때에는 본인의 성함과 소속을 밝혀주시면 감사하겠습니다. 네, 뒤편에 계신 남자분, 말씀해주십시오.

질문: 안녕하십니까, 저는 대현전자에서 온 박대현입니다. 저는 박정환 이사님께 질문을 드리고 싶습니다. 방금 IoT에 대해 긍정적인 전망을 하셨는데, 이와 관련해 의료 시장은 앞으로 어떻게 변화할지 말씀해주시겠습니까?

답변: 좋은 질문 감사합니다. (중략) 답이 되었습니까?

감사합니다. 이것으로 오늘의 모든 일정을 마치겠습니다. 수고해주신 발표자 및 토론자 여러분께 감사드립니다. 특히 끝까지 자리를 함께해주신 참석자 여러분께도 깊이 감사드립니다. 대단히 감사합니다.

We are honored to have such a distinguished panel. To my right is Professor David Russell, who gave us a keynote speech this morning, and to my far right is Jung-whan Park, Director at EH Electronics. To my left is Daehyun Kim, Director at Korea IT Association, and to my far left is Hanse Kim, CEO of Doo Media.

Before we begin, let me go over the ground rules briefly. The speakers will each give an opening statement for approximately 5 minutes. After that, we will have an open discussion on the topics raised by the panelists. Then, we will open the floor to take questions from the audience. Professor Russell, would you like to begin?

(...)

Now we are ready to entertain questions from the floor. If you have questions, please raise your hands and we will bring the microphone to you. And also may I ask you to give us your name and affiliation before you ask your questions. Yes, the gentleman at the back.

Question: Good afternoon, I am Daehyun Park from Daehyun Electronics. I have a question for Director Jung-whan Park. You have just given us a positive outlook for IoT. Could you share your view on how it may transform the healthcare sector?

Answer: That's a very good question. (...) Did it answer your question?

Thank you. This marks the end of today's event. We would like to extend our sincere thanks to our speakers and panelists. Also, we would like to express our deepest gratitude to all participants for bearing with us. Thank you very much.

학술대회

사회자 | 안내 말씀 드립니다. 잠시 후 9시부터 오디토리움에서 GSTI 국제학술대회가 진행될 예정이니 외부에 계신 참석자 여러분께서는 홀 안으로 이동해 착석해주시기 바랍니다.

지금 도착하고 계신 분들이 계셔서 9시 10분에 시작하도록 하겠습니다. 금일 국제학술대회에서는 동시통역을 제공하고 있습니다. 자리에 있는 통역 수신기를 이용해주십시오. 통역 수신기 채널은 한국어는 1번, 영어는 2번입니다. 행사의 원활한 진행을 위해 핸드폰은 꺼주시거나 진동 모드로 전환해주시기 바랍니다. 감사합니다.

(내빈 착석)

그러면 지금부터 학술대회를 시작하도록 하겠습니다.

여러분 안녕하십니까. '통역과 번역'을 주제로 개최되는 GSTI 국제학술대회에 참석해주신 여러분을 환영합니다.

저는 오늘 사회를 맡은 박이화, 이화여자대학교 통역번역대학원 교수입니다. 오늘 이 자리에 참석해주신 여러분 모두에게 감사드립니다.

먼저 김이화 이화여대 통역번역대학원 원장님의 인사 말씀을 듣도록 하겠습니다.

(개회사)

Academic Conference

MC | May I have your attention, please. The GSTI International Conference will begin shortly at the auditorium, at 9 a.m. Could we ask all guests to enter the hall and be seated?

We will begin the session at 9:10 as some participants are still on their way. Simultaneous interpretation is provided during this conference. Interpretation receivers have been provided at each seat. Please tune the receiver to channel 1 for Korean and 2 for English.

To minimize disruptions, we ask you to kindly turn your mobile phones off or into vibrate mode. Thank you.

(Participants take their seats.)

Now we will begin the conference.

Good morning. We would like to welcome everyone to the GSTI International Conference, which is held under the theme of "Interpretation and Translation".

I am Ewha Park, Professor at Ewha Graduate School of Translation and Interpretation(GSTI), and I will be your MC today. I would like to extend my gratitude to all participants for being here with us today.

First, let us invite Dean of Ewha GSTI, Ewha Kim, for her opening remarks.

(Opening remarks)

좋은 말씀 감사드립니다.
그러면 금번 학술대회의 기조강연을 해주실 서이화 교수님을 모시도록 하겠습니다. 서 교수님은 현재 이화여자대학교 통역번역대학원 번역학과 교수시고, 문학번역 연구의 권위자이십니다. 이화여자대학교 통역번역대학원에서 박사학위를 취득하셨고, AB대학교를 비롯한 여러 대학교에서 강의하셨습니다. 현재 문학번역위원회 위원장으로 활동 중이시고, 이화번역학회장을 역임 중이십니다. 서이화 교수님을 큰 박수로 환영해주십시오.

(기조강연)

좋은 강연 감사드립니다. 그러면 강연 내용에 대해 질문이 있으면 받도록 하겠습니다. 질문이 있으신 분은 손을 들어주시면 저희가 마이크를 전달해드리도록 하겠습니다.
네, 뒤편에 계신 선생님.

질문: 훌륭한 강연 잘 들었습니다. 말씀 중에 최근 문학번역에서 젠더 문제에 관한 연구가 새롭게 부상하고 있다고 하셨는데, 대표적인 연구를 소개해주시겠습니까?
답변: 좋은 질문 감사합니다. (중략)

다른 질문이 있으시면 손을 들어주시기 바랍니다. 없으시면 잠시 휴식 시간을 가진 후 첫 번째 세션을 시작하도록 하겠습니다. 다과가 준비되어 있으니 지금부터 20분간 휴식 시간을 갖겠습니다.

(휴식)

Thank you for your remarks.

Now, we will invite Professor Ewha Suh for her keynote speech. Ewha Suh is Professor of translation at Ewha GSTI. She is a renowned scholar of literary translation studies. She earned her Ph.D. from Ewha GSTI. She has taught at several universities including AB University. Now she serves as Chair of Literary Translation Committee and President of Ewha Translation Society. Please welcome her with a big round of applause.

(Keynote speech)

Thank you for your insightful speech. We will take some questions now. If you have questions, please raise your hands and we will bring the mic to you.

Yes, the lady at the back.

Question: Thank you for your inspiring presentation. In your presentation, you mentioned that gender issue in literary translation is a new and emerging field of research. Could you share with us some of the most prominent studies on that topic?

Answer: Thank you for that question. (...)

Any other questions? If there are no further questions, we will take a short break before we begin our first main session. Please help yourselves to some coffee and refreshments. We will reconvene after 20 minutes.

(Break)

안내 말씀 드립니다. 곧 첫 번째 세션을 시작하겠습니다. 아직 로비에 계신 분들께서는 회의장으로 돌아와 착석해주십시오.
지금부터 첫 번째 세션을 시작하겠습니다. 첫 세션의 좌장은 최이화, CD대학교 교수님께서 맡아주시겠습니다. 그러면 교수님께 마이크를 넘기겠습니다.

좌장 | 안녕하십니까. 첫 번째 세션 좌장을 맡은 최이화입니다.
이번 세션의 발표자 두 분을 소개합니다. 첫 번째 발표를 맡으실 분은 왕리 BJ대학교 통역번역대학원 원장님이십니다. 두 번째 발표를 맡으실 분은 이이화 이화여대 통역번역대학원 교수님이십니다.
이 세션에서는 두 분의 연사들께서 통번역 능력 향상을 위한 언어의 기술적 측면 교육에 관한 내용을 공유하고자 합니다. 중국의 통번역 교수법과 재표현 교육 문제 등 흥미로운 주제들이 기다리고 있습니다. 모쪼록 활발한 논의를 기대하겠습니다.
그러면 먼저 첫 번째 발표자 왕리 원장님을 연단으로 모시도록 하겠습니다.
왕리 원장님은 현재 중국의 BJ대학교 통번역대학원 원장으로 재직 중이십니다. BJ대학교에서 박사학위를 취득하시고, 중국 통번역연구소 소장을 역임하셨습니다. 왕리 원장님은 다수의 논문을 주요 통번역 저널에 게재하시는 등 통번역 교육 연구의 권위자이십니다. 오늘 '21세기 중국 통번역 교육'을 주제로 발표해주시겠습니다.
왕리 원장님을 큰 박수로 맞이해주십시오.

(발표)

좋은 발표 감사합니다. 그러면 두 번째 연사이신 이이화 교수님을 모시겠습니다.

May I have your attention, please. We will shortly begin the first session. We kindly ask all participants in the lobby to return to the hall.
We will now begin our first session. Moderating the first session is Professor Ewha Choi from CD University. I will turn the microphone over to Professor Choi.

Moderator | Good morning. I am Professor Ewha Choi. I will be the moderator for the first session.
In this session, we are joined by two distinguished speakers. We will start with Lee Wang, Dean of GSTI at BJ University, The second speaker is Ewha Lee, Professor at Ewha GSTI.
In this session, the two speakers will share their ideas on how to teach language skills to students in order to improve their translation and interpretation capabilities. Interesting topics will be introduced in this session, including T&I pedagogy in China and issues in teaching re-expression. I am looking forward to a vibrant discussion.
First, I would like to invite Dean Lee Wang, our first speaker, to the podium. Mr. Lee Wang is Dean of GSTI at BJ University in China. He recieved his doctoral degree from BJ University, and served as Director of the T&I Institute in China. He is a renowned scholar in translation and interpretation studies. He has published a number of papers in major translation and interpretation journals. Today, he will talk about "Translation and Interpretation Training in China in the 21C".
Please welcome him with a warm round of applause.

(Presentation)

Thank you for your excellent presentation. Our second speaker is Professor Ewha Lee.

이 교수님은 법정통역 연구의 권위자이십니다. EF대학교에서 법정통역 연구로 박사학위를 취득하시고, 이후 다수의 SSCI급 해외 저널에 법정통역 연구를 발표하신 바 있고 통번역 관련 저술 활동도 많이 하셨습니다. 오늘은 '법정통역 교육'을 주제로 발표해주시겠습니다. 이이화 교수님을 큰 박수로 환영해주십시오.

(발표)

발표 감사합니다. 많은 시사점을 던져주신 것 같습니다.
그러면 지금부터는 토론자를 무대로 모시고 토론을 진행하도록 하겠습니다. 먼저 왕리 원장님 발표에 대해 토론을 맡으신 신이화 교수님을 모시겠습니다.

토론자 1 | 왕 원장님 발표 잘 들었습니다. 저는 질문이 두 가지입니다.

(중략)

좌장 | 그러면 지금부터는 청중 중에 질문이 있으시면 받도록 하겠습니다. 네, 가운데 계신 선생님 질문해주십시오.

질문: 저는 중국에서 오신 왕리 원장님께 질문이 있습니다. 중국의 21세기 통번역 교육을 위주로 발표를 해주셨고 정말 흥미롭게 들었습니다. 혹시 중국에서 과거에는 통번역 교육이 어떻게 이루어졌는지 말씀해주실 수 있습니까?

답변: 제가 질문을 제대로 이해했다면 중국의 통번역 교육의 역사를 질문하신 것 같습니다. (중략) 답이 되었으면 좋겠습니다.

Professor Lee is renowned for her research in legal interpretation. She earned her Ph.D. from EF University for her research on legal interpretation. She has also published a number of studies in SSCI indexed international journals and has authored several books on translation and interpretation. Today, she will give a presentation entitled, "Teaching Legal Interpretation". Please welcome Professor Ewha Lee with a big round of applause.

(Presentation)

Thank you for the thought-provoking speech.
Now, we will invite the panelists to the stage for the panel discussion. First, I would like to introduce Professor Ewha Shin, who will discuss on Dean Wang's presentation.

Panelist 1 | Thank you, Dean Wang, for your insightful presentation. My question is two fold.

(...)

Moderator | Now we will take questions from the floor. Yes, the gentleman in the middle.

Question: My question goes to Dean Wang from China. Your presentation on China's T&I training in the 21st century was very interesting. But then I am also interested in how translation and interpretation were taught in the past in China.

Answer: If I understood you correctly, your question was about the history of China's T&I training. (...) I hope this answers your question.

오늘 수고해주신 발표자 및 토론자들께 모두 감사드립니다. 언어기술 교육에 관한 풍부한 논의가 이루어졌고 한국과 중국의 통번역 교육 현황에 대해서 좀 더 깊은 이해를 할 수 있는 좋은 시간이 되었던 것 같습니다.
그러면 이상으로 제1세션을 마치도록 하겠습니다.

사회자 | 네, 그러면 이것으로 오전 세션을 모두 마무리하고 점심 식사를 하시겠습니다. 오늘 오찬은 등록 시 받으신 쿠폰에 표시된 장소에서 각각 진행될 예정입니다. 오후부터 시작되는 제2세션은 2시에 시작하도록 하겠습니다. 즐거운 오찬 되십시오.

(오찬)

안내 말씀 드립니다. 잠시 후 2시부터 제2세션이 시작됩니다. 로비에 계신 분들께서는 회의장으로 들어와 착석해주시기 바랍니다.
점심 맛있게 드셨는지요. 이제 제2세션을 시작하겠습니다. 이번 세션은 한이화 교수님께서 좌장을 맡아주시겠습니다. 박수 부탁드립니다.

좌장 | 안녕하십니까, GH대학교 한이화입니다.
이번 세션의 주제는 '말하기와 글쓰기 교육'입니다. 본 세션에서는 두 분의 전문가를 모시고 통번역을 위한 바람직한 말과 글 교육에 대해 논의해보고자 합니다.
오늘 세션 발표를 위해서 채이화 번역가님과 전이화 교수님께서 자리해 계십니다. 첫 번째 발표를 해주실 채이화 번역가님은 따로 소개를 드리지 않아도 이미 많은 분들이 알고 계시리라 생각됩니다만 간략히 소개를 드리자면 '○○○', '○○○', '○○○' 등 다수의 베스트셀러 소설을 번역하신 저명한 문학 번역가이십니다. 그리고 최근에는 이화문학번역상 대상을 수상하셨습니다.

I would like to extend my gratitude to all speakers and panelists. I believe we had a very fruitful discussion on language skill training and deepened our understanding of translation and interpretation training in Korea and China.
With this, I would like to wrap up our first session.

MC | This concludes our morning session. Now we will begin the luncheon. Lunch will be served in the areas that are marked on the coupon you received upon registration. We will begin the second session at 2 p.m. Please enjoy your meal and have a good time.

(Luncheon)

Ladies and gentlemen, the second session will begin shortly at 2 p.m. Could we ask all guests to enter the hall and be seated?
I Hope you enjoyed your lunch. We will now commence the second session. Professor Ewha Han will chair this session. Please welcome her with a warm round of applause.

Moderator | Good afternoon, I am Ewha Han from GH University.
The topic of this session is "Speaking and Writing Training". We have two experts with us to discuss pedagogies for speaking and writing.
It is with great pleasure that I welcome translator Ewha Chae and Professor Ewha Chun. Our first speaker needs no introduction. She is an acclaimed literary translator of various best selling novels including "○○○", "○○○" and "○○○". She recently won the Grand Prize of the Ewha Literary Translation Award.

그리고 두 번째 발표를 맡으실 전이화 교수님께서는 JK 통역번역대학원 번역학과 교수님이십니다. 현재 JK대학교 통역번역연구센터 소장님으로 재직 중이시고, 번역 교육 이론으로 유명하신 분입니다.
그러면 '번역과 사전'이라는 제목으로 발표를 해주실 채이화 번역가님을 먼저 연단으로 모시겠습니다. 큰 박수 부탁드립니다.

(발표)

좋은 발표 감사합니다. 그러면 두 번째 발표자인 전이화 교수님을 무대로 모시겠습니다. 발표 제목은 '번역품질평가모델 고찰'입니다. 큰 박수 부탁드립니다.

(발표)

전 교수님, 좋은 발표 감사합니다. 그러면 지금부터 토론을 진행하도록 하겠습니다. 오늘 토론을 위해 황이화 교수님과 장이화 교수님께서 와계십니다. 첫 번째 발표에 대한 토론은 황이화 교수님께서 해주시겠습니까?

토론자 2 | 채이화 번역가님, 좋은 발표 감사합니다. 정말 번역 실무에서 흔히 발생하는 문제점들에 대해 다시 돌아보는 기회가 되었습니다. 선생님께서는 우리말 사용의 중요성을 강조하셨는데, 현재 많이 쓰이는 인터넷 용어 등 신조어에 대해서는 어떻게 생각하시는지요?

(중략)

The second speaker is Ewha Chun, Professor of translation at JK Graduate School of Translation and Interpretation. She is also Director of T&I Research Institute at JK University and is well known for her theory of translation pedagogy.
On that note, I would like to invite our first speaker to the podium. The title of her presentation is "Translation and Dictionary". Please welcome translator Ewha Chae with a big round of applause.

(Presentation)

Thank you for the inspiring presentation. Now I would like to welcome Professor Ewha Chun to the stage. The title of her presentation is "Contemplation of a Translation Quality Assessment Model". Please give a big hand.

(Presentation)

Thank you, Professor Chun, for your presentation. We will now have a panel discussion. It is a great pleasure to welcome our two discussants, Professor Ewha Hwang and Professor Ewha Chang. Professor Hwang, could you comment on the first presentation?

Panelist 2 | Thank you Ms. Ewha Chae for your interesting presentation. It allowed me to think about the challenges we often face in translation practice. In your presentation, you underlined the importance of using pure Korean words. In that regard, what's your view on the newly coined terms, such as those widely used by internet users?

(...)

좌장 | 감사합니다. 그러면 두 번째 발표에 대한 토론을 진행하도록 하겠습니다. 두 번째 토론자이신 장이화 교수님을 모시도록 하겠습니다.

(중략)

네 분 모두 감사합니다. 시간 관계상 더 이상 질문을 받지 못하고 이번 세션을 마무리하고자 합니다. 질문이 있으신 분들은 발표자들께서 오늘 계속 계실 예정이므로 개별적으로 질문해주시고, 남은 질문은 다음에 이어지는 라운드테이블 세션에서 해주시기 바랍니다.
그러면 이것으로 제2세션을 마치도록 하겠습니다. 감사합니다.

사회자 | 다음 세션은 라운드테이블 세션입니다. 무대를 다시 정리하는 동안 20분간 휴식을 하도록 하겠습니다. 로비에 다과가 마련되어 있으니 편하게 이용하시고 3시 20분에 다시 시작하도록 하겠습니다.

(휴식)

안내 말씀 드립니다. 통번역 전문가를 모시고 라운드테이블 세션을 시작할 예정이오니 로비에 계신 분들께서는 홀 안으로 들어오셔서 착석해주시기 바랍니다.
이제 오늘의 마지막 세션인 통번역 전문가 라운드테이블 세션을 시작하겠습니다. 좌장을 맡으신 현이화 교수님에게 큰 박수 부탁드립니다.

좌장 | 안녕하세요, 좌장을 맡은 LM대학교 현이화입니다.
전 세션에 이어 이번 라운드테이블 세션에서는 통번역 현장에서 오랜 실무 경험을 갖고 계시는 통번역 전문가 세 분을 모시고 심도 깊은 토론을 해보도록 하겠습니다.

Moderator | Thank you. We will move on to the discussion on the second presentation. Please welcome Professor Ewha Chang.

(...)

I would like to express my thanks to the speakers and discussants. Due to time constraints, we are unable to take any more questions. If you have further questions, please meet the speakers in person as they will be here all day. Other remaining questions could be brought up at the roundtable session.
On that note, I would like to wrap up the second session. Thank you.

MC | Next, we will have the roundtable session. While the stage is being prepared, we will have a 20 minute break. Coffee and refreshments are available in the lobby. We will resume at 3:20 p.m.

(Break)

May I have your attention please. We are about to begin the roundtable session with our translation and interpretation experts. Could we ask all guests in the lobby to enter the hall and be seated?
We will begin our last session with our translation and interpretation experts. Please join me in welcoming our moderator, Professor Ewha Hyun.

Moderator | Good afternoon, everyone. I'm Ewha Hyun from LM University and I will be moderating this session.
Building up on the previous sessions, in this roundtable session, we will engage in an in-depth discussion with three experts in translation and interpretation.

오늘 뛰어난 패널들이 참여해주셨습니다. 우선, 제 왼편으로 저명한 미디어 번역 전문가이자 NQ대학교 교수이신 홍이화 교수님 나와 계십니다. 그리고 홍 교수님 옆자리에는 이화여대 통역번역대학원 교수이자 국제회의 통역사이신 송이화 교수님께서 자리하셨습니다. 그리고 제 왼편 끝에는 조이화 수화통역사님 나와 계십니다.
그러면 먼저 질문을 하나 드리겠습니다. 각 패널들께서는 5분씩 의견을 말씀해주시면 감사하겠습니다.

(중략)

혹시 청중 중에 질문이 있으시면 받도록 하겠습니다. 질문이나 의견 있으신 분은 손을 들어주시면 마이크를 전달해드리도록 하겠습니다.
네, 앞줄에 계신 분께 질문 기회를 드리겠습니다.

(중략)

더 이상 질문이 없으시면 이것으로 라운드테이블 세션을 마치도록 하겠습니다. 열띤 토론에 참여해주신 토론자 및 참석해주신 모든 분들께 감사드립니다.

사회자 | 감사합니다. 이상으로 오늘 일정을 모두 마치도록 하겠습니다. 끝까지 함께해주신 모든 참가자 여러분께 진심으로 감사의 말씀을 올리며, 유익한 시간이 되셨기를 바랍니다.

We are pleased to welcome a very distinguished panel of experts. To my immediate left is Ms. Ewha Hong, a celebrated translator in media translation and Professor at NQ University. Next to Professor Hong is Professor Ewha Song at Ewha GSTI. Professor Kim is also a seasoned conference interpreter. To my far left, we have Ms. Ewha Cho, who is a sign language interpreter.
I'd like to kick off the roundtable discussion by asking a question to all the panelists. Each panelist will have 5 minutes to make a comment.

(...)

Now the floor is open for discussion. If you have any questions or comments, please raise your hands and we will run the microphone to you. Yes, the lady in the first row.

(...)

If there are no further questions, we will conclude the roundtable session. I'd like to thank the panel and the audience for an interesting discussion.

MC | Thank you. This marks the end of today's program. We would like to extend our sincere thanks to our guests and participants for staying with us until the end of this conference. We sincerely hope this conference was meaningful and fruitful for you.

기자회견

내외 귀빈 여러분, 바쁘신 중에 저희 기자회견에 참석해주셔서 감사합니다. 존경하는 내외신 기자님들을 모시고 오늘 AA사와 BB사 간의 양해각서 체결을 공식 발표하고자 합니다. 역사적인 이 행사를 빛내주기 위해 AA사의 A 회장님과 BB사의 B 대표님이 참석해주셨습니다.

공식적인 행사에 앞서, 오늘의 양해각서 체결식과 기자회견의 진행 순서에 대해 말씀드리겠습니다. 우선, 이번 양해각서 체결에 이르기까지의 배경과 추진 활동에 대해 A 회장님께서 발표를 해주시겠습니다. 그 후, B 대표님께서 양해각서를 기반으로 추진될 향후 공동 사업에 대해 소개해주시겠습니다. 이어서 양해각서 체결식을 진행한 후, 여러분들의 질문을 받는 시간을 갖도록 하겠습니다.

한 가지 양해 말씀을 드리면, 두 분의 발표 시간에는 사진 촬영을 삼가주시기 바랍니다. MOU 체결식 중에는 사진 촬영이 가능하고, 질의응답 시간 후 진행될 포토 타임에도 사진 촬영이 가능하니 이 점을 유의하시기 바랍니다. 여러분의 협조를 부탁드립니다. 감사합니다.

그러면 더 이상 지체하지 않고 A 회장님을 단상으로 모시고 발표를 듣겠습니다.

(A 발표)

감사합니다, 회장님. 그러면 이제 향후 협력 사업 계획에 대해 B 대표님께서 발표해주시겠습니다.

Press Conference

Ladies and gentlemen, thank you for taking time out of your busy schedules and coming to take part in this press conference. Today, we have invited distinguished members of the press to announce the Memorandum of Understanding between AA and BB. To commemorate this historic day, we are honored to have with us Mr. A, Chairman and CEO of AA and Mr. B, President and CEO of BB.

Allow me to give you some information on the proceedings of today's announcement. First of all, we will listen to Mr. A's presentation on the background of the MOU to give you a brief update of the discussions and activities that have led to this agreement. Then, Mr. B will brief you on some of the future projects that have been planned within the framework of this MOU. Then, we will proceed to the actual signing of the Memorandum of Understanding. After the signing ceremony, we will entertain some questions from you.

I would like to ask you to refrain from taking photos during the presentations. You may take pictures during the signing ceremony and during the official photo session after the Q&A session. Thank you for your cooperation.
And without further ado, I would like to invite Mr. A to the podium for his presentation.

(Presentation of A)

Thank you, Mr. A. And now, I would like to ask Mr. B to introduce us to the planned projects.

(B 발표)

감사합니다, 대표님. 이제 두 분을 무대 위로 모시고 양해각서 체결식을 진행하겠습니다. 체결식이 진행되는 동안 편하게 사진 촬영하시기 바랍니다.

(체결식)

감사합니다. 이제 다시 착석하셔도 되겠습니다. 이제부터 질의응답 시간을 갖도록 하겠습니다. 질문하실 기자님은 손을 들어주시면 저희 진행요원들이 마이크를 전달해드리겠습니다. 질문하시기 전 성함과 소속을 말씀해주시기 바랍니다.

(질의응답 세션)

시간 제약 때문에 마지막 질문을 받도록 하겠습니다.

감사합니다. 이것으로 오늘 기자회견의 질의응답 시간을 마치도록 하겠습니다. 시간 제약상 모든 질문을 다루지 못한 점 양해 부탁드리며 혹시 더 궁금하신 점이나 질문이 있으시면 홍보담당 C 씨께 문의해주시기 바랍니다. 연락처는 배포해드린 보도자료에 포함되어 있습니다.

A 회장님과 B 대표님을 모시고 포토 타임을 갖고자 하니 촬영을 원하시는 기자님들은 무대 앞에 설치된 포토라인으로 이동해주시기 바랍니다.

그러면 이상으로 오늘 기자회견을 마치도록 하겠습니다. 오늘 참석해주신 여러분들께 깊이 감사드립니다.

(Presentation of B)

Thank you, Mr. B. At this time, may I ask both gentlemen to move to the stage for the signing of the MOU. Ladies and gentlemen from the media, you may take this opportunity to take photos of the official signing ceremony.

(Signing ceremony)

Thank you very much. You may go back to your seats. Now, we would like to entertain questions from the press. Please raise your hand and our staff will deliver a microphone for you. And I ask that you kindly identify yourself and your affiliation before posing the question.

(Q&A session)

Due to time constraints, we will entertain one final question before closing the Q&A session.

Thank you very much. This concludes the Q&A session of today's press conference. We apologize for not being able to entertain all the questions, but for further information or clarification, please contact Ms. C who is in charge of PR and Communications. Her contact information is included in the press release that we have provided.

Mr. A and Mr. B will stay on the stage for a few more minutes for a photo session. For those of you wishing to take photos, you may come to the marked photo line.

This concludes the press conference. I would like to extend my sincere gratitude to members of the press for your presence today.

만찬

잠시 후 '이화 콘퍼런스 2015' 환영 만찬이 시작되겠습니다. 참석자들께서는 착석해주시기 바랍니다. 오늘 만찬과 공연이 진행되는 동안 동시통역이 제공됩니다. 자리에 비치된 통역기를 이용해주시기 바라며, 채널은 한국어는 1번, 영어는 2번입니다.

지금부터 '이화 콘퍼런스 2015' 환영 만찬을 시작하겠습니다.
여러분, 안녕하십니까? 저는 사회를 맡은 최이화입니다. 올해로 11회를 맞게 된 본 콘퍼런스에서는 오늘도 하루 종일 흥미롭고 유익한 발표와 토론이 펼쳐졌습니다. 여러분들께서도 유익하고 즐거운 시간이 되셨으리라 생각합니다.
그러면 만찬을 시작하기에 앞서 우선 박이화 회장님의 만찬사가 있겠습니다. 큰 박수로 맞이해주십시오.

[만찬사]

존경하는 김한오 회장님, 이규한 장관님, 그리고 이 자리에 참석하신 아시아 대표단과 내외 귀빈 여러분, 안녕하십니까?
먼저 오늘 이화 콘퍼런스에 오신 것을 진심으로 환영하며, 자리를 빛내주셔서 감사합니다. 이번 회의는 매우 중요한 해에 개최되었습니다. 올해는 한국과 아시아 국가들의 파트너십을 상징하는 이화협의회의 창립 제30주년을 기념하는 해로, 우리 모두에게 기념이 되는 해라고 할 수 있습니다. 한국과 아시아 각국은 역내 경제 발전을 위해 상호 협력에 힘을 쏟고 있습니다.

Gala Dinner

We will begin the 2015 Ewha Conference welcome dinner shortly. Could all participants please take your seats? Simultaneous interpretation will be provided during the welcome dinner. Please use the interpretation receivers provided at each seat. Please note that channel 1 is for Korean, and channel 2 for English.

We will now begin the 2015 Ewha Conference welcome dinner.
Ladies and gentlemen, good evening. I am Ewha Choi, your emcee. This year marks the 11th anniversary of the Ewha Conference. Throughout the day, we had inspiring and informative presentations and discussions. I hope you also found the conference helpful and rejuvenating.
Before we start our gala dinner, we will invite President Ewha Park for her dinner speech. Please join me in welcoming her with a warm round of applause.

[Dinner speech]

Honourable President Han-oh Kim, Minister Kyu-han Lee, members of the Asian Delegation, and ladies and gentlemen, good evening.
Let me once again extend my sincere welcome to you all, on the occasion of the 2015 Ewha Conference. We thank you sincerely for honoring our invitation. Distinguished guests, we are meeting in Korea during a significant year. We will celebrate the 30th anniversary of the Ewha Council, a symbol of true partnership between Korea and Asian countries. Thus, this will be a joint celebration. We are now working together to enhance cooperation to promote economic development in the region.

역내 파트너십은 공동의 번영을 향한 우리의 열망을 담고 있습니다. 올해 핵심 의제는 지속가능한 개발로, 이를 위해 한국과 아시아는 역내 빈곤 및 기근 퇴치에 힘을 쏟고 있습니다. 이러한 노력은 이미 많은 성과를 내고 있으며 앞으로도 한국과 아시아 국가들의 지속적인 우정과 파트너십을 기대하는 바입니다.
마지막으로 이번 회의 준비를 위해 애써주신 모든 분들께 다시 한번 감사의 말씀을 드리며 하시는 모든 일에 행운이 가득하시길 기원합니다. 감사합니다.

네, 박이화 회장님의 만찬사였습니다. 감사합니다.
다음으로, 오늘 기조연설을 해주신 김이화 교수님께서 건배 제의를 해주시겠습니다.

[건배사]

박이화 회장님 및 참석하신 내외 귀빈 여러분, 이번 이화 콘퍼런스를 통해 유익한 의견 교환을 할 수 있었습니다. 앞으로 아시아 국가들 간 상호 이해가 더욱 깊어질 것으로 믿습니다. 이는 모두 여기 계신 여러분의 노력의 결실입니다. 애써주신 모든 분들께 진심으로 감사드립니다.
다 같이 자리에서 일어나 한국과 아시아의 건승과 발전을 기원하며 건배를 하겠습니다. 우정과 파트너십을 위해 건배!
감사합니다.

이제부터는 편하게 만찬을 즐기시며 담소를 나누시길 바랍니다. 저는 만찬이 끝난 후 특별 공연에서 다시 뵙겠습니다.

(중략)

Our partnership further underscores our joint aspirations to achieve shared prosperity. Sustainable development is one of the key agenda for this year and, thus, we are committed to fighting poverty and hunger in the region. A lot of progress has already been made, and I look forward to our lasting partnership.
Last but not least, I would like to, once again, extend my deepest gratitude to everyone who has worked to make this event possible. I wish best of luck with all your future endeavors. Thank you.

Thank you, President Park, for the dinner speech.
Next, we will have our keynote speaker, Professor Ewha Kim, to propose a toast.

[Toast speech]

President Ewha Park and distinguished guests, throughout the day, we were able to engage in a thought-provoking and enthusiastic discussion. I believe the discussions we had will deepen our mutual understanding. This has been possible thanks to your endeavours. I would like to extend my heartfelt gratitude to you all for your contribution.
May I, at this point, request you all to please, rise and join me in a toast to the prosperity and everlasting friendship of Korea and Asian countries! To friendship!
Thank you.

Thank you. Now, please enjoy your dinner and I'll see you again when it's time for the special performance.

(...)

즐거운 식사 시간 되셨습니까? 그러면 지금부터 특별 공연 순서를 시작하도록 하겠습니다. 오늘 이 밤을 더 아름답게 빛내줄 특별 공연들로 준비했습니다.
첫 순서로는 한국의 멋과 흥을 보여드릴 사물놀이 공연입니다. 여러분, 사물놀이패 '이화인'을 큰 박수로 환영해주십시오.

(공연)

네, 이화인의 흥겨운 무대였습니다. 다시 한번 큰 박수 부탁드립니다.
이번에 만나볼 분들은 한국의 전통 음악인 국악을 현대적으로 재해석한 퓨전 국악그룹, '이화로'입니다. 큰 박수로 맞아주십시오!

(공연)

네, 동서양의 만남이 정말 매력적인 무대였습니다. 이제 오늘 공연을 마무리할 시간입니다. 이화 콘퍼런스는 여러분의 관심과 참여로 매년 성장하는 콘퍼런스로 자리 잡게 되었습니다. 이번 콘퍼런스에 도움을 주신 모든 분들께 감사드리며, 남은 일정도 유익하고 소중한 시간 되시길 기원합니다.
저는 여기서 인사드리겠습니다. 여러분! 감사합니다.

I hope you enjoyed the dinner. We will now begin our special performances. We are pleased to present special performances that will make this evening more beautiful.
First, we will watch a performance of samulnori, a Korean traditional percussion quartet. Its energetic performance represents the style and dynamism of the Korean people. Ladies and gentlemen, please welcome the samulnori ensemble, "Ewhain", with a warm round of applause.

(Performance)

That was an exciting performance. Please give Ewhain another round of applause.
The next performance is by "Ewha-ro", a fusion Gukak group. Gukak is a traditional Korean music. But Ewha-ro has reinterpreted the traditional music into a modern one. Please welcome Ewha-ro with a big hand!

(Performance)

That was an amazing harmony of the East and the West. So we've come to the end of our performances. The Ewha Conference grew every year thanks to the interest and participation of all of you. I would like to thank everyone for your significant contribution to the success of the conference. Hope you enjoy the rest of your stay.
That's all from me, thank you.

영어 국제회의 통역노트(제2판)

펴낸날 2판 1쇄 2020년 11월 20일
2판 2쇄 2024년 12월 10일
지은이 김고은·허지운
펴낸이 주소현
펴낸곳 이화여자대학교출판문화원
주소 서울특별시 서대문구 이화여대길 52 (우03760)
등록 1954년 7월 6일 제9-61호
전화 02) 3277-2965(편집), 362-6076(마케팅)
팩스 02) 312-4312
전자우편 press@ewha.ac.kr
홈페이지 www.ewhapress.com
책임편집 이혜지

ISBN 979-11-5890-393-0 13740
값 18,000원